中国纳税指南系列／税务经理丛书

■丛书主编　李永延

企业涉税制度建设

蔡少优／编著

中国注册理财规划师协会CICFP
注册财税管理师资质考试指定教材

中国税务出版社

图书在版编目（CIP）数据

企业涉税制度建设/蔡少优编著．--北京：中国税务
出版社，2011.4
（税务经理丛书·中国纳税指南系列）
ISBN 978－7－80235－650－4

Ⅰ.①企…　Ⅱ.①蔡…　Ⅲ.①企业管理：税收管理－
中国　Ⅳ.①F812.423

中国版本图书馆 CIP 数据核字（2011）第 046927 号

书　　名：企业涉税制度建设
丛书主编：李永延
作　　者：蔡少优　编著
特约编辑：马丽萍
责任编辑：刘淑民　庞　博
责任校对：于　玲
技术设计：刘冬珂
出版发行：中国税务出版社
北京市西城区木樨地北里甲 11 号（国宏大厦 B 座）
邮编：100038
http：//www.taxation.cn
E-mail：taxph@tom.com
发行部电话：（010）63908889/90/91
邮购直销电话：（010）63908837　传真：（010）63908835
经　　销：各地新华书店
印　　刷：北京天宇星印刷厂
规　　格：787×1092 毫米　1/16
印　　张：10.5
字　　数：182000 字
版　　次：2011 年 4 月第 1 版　2011 年 4 月北京第 1 次印刷
书　　号：ISBN 978－7－80235－650－4/F·1570
定　　价：20.00 元

总　序

随着中国经济的飞速发展，中国的税制建设不断完善，税收征管日愈科学化、精细化。近十几年，国家税收收入更是以GDP增长的2~3倍的速度增长着。如何有效地运用税收政策，既合法履行纳税义务，又充分利用各项鼓励政策规避风险、降低税收负担，成为企业税务管理人员迫切关注的问题。

国瑞鼎泰税务经理培训股份有限公司，作为国家工商总局批准设立的国内首家专业纳税培训机构，致力于税务经理人的深度专业培训。在大成方略纳税人俱乐部组织教师进行了多年深入研究的基础上，先后在北京、厦门、海口等地，召开了十几次纳税培训教学研讨会。参会人员有国家税务总局、省级税务机关的管理人员、税务类院校及综合类大专院校财税专业的教师、涉税咨询机构、企业财务管理等方面的专家，经过反复深入地研讨，确定推出系统帮助企业进行涉税规划管理的25门实用课程。这些课程分为三阶推出，第一阶推出的为《企业纳税战略管理》《企业纳税管理体系设计》《企业涉税制度建设》《企业纳税评估与风险控制》《财务工具运用与涉税处理》《资产与股权涉税处理》《企业薪酬涉税处理》《企业纳税自查与调整》《企业经济合同涉税处理》等九个课程。这些课程已经过三年的教学实践，深受企业财务管理人员的欢迎。

鉴于九门课程的系统性、科学性与独创性、实用性，中国税务出版社将其纳入该社组织的“中国纳税指南”系列予以公开出版。在此，我们对中国税务出版社的慧眼卓识与鼎力支持深表感谢。目前，这套丛书还被中国注册理财规划师协会指定为“注册财税管理师”资质认证考试教材，对于中国注册理财规划师协会给予的信任亦深表感谢。

我们编写这套丛书的目的在于为读者提供解决涉税问题的思路和方法，由于税收的复杂性，税收政策在不断的调整变化之中，对书中提到的具体税收政策，读者应注意以最新政策为准。这套丛书还有许多不足之处，我们将在今后的培训实践中不断修订完善，使其成为帮助纳税人依法规划纳税管理、安全降低税收负担的实用教材。

北京财税研究院院长

李永延

二〇一一年三月

目　录

第 1 章

基础篇

涉税制度设计就是根据一定的理论、原则并结合实际，运用文字、图表等形式对涉税事务风险控制、税收处理手续、内部税务管理机构以及办税人员的职责进行系统规划的工作，它是财务管理与企业内部控制制度的重要组成部分。根据风险管理的基本理论、原则和科学的程序，对各项涉税制度的具体规划，就是涉税制度设计的具体内容。本章探讨了涉税制度设计意义、性质、对象、任务、原则以及设计方式等问题。最后列举一个职工借款制度范本，描述备用金借款流程，以体现本书涉税制度设计原理和技巧。

1.1 企业财务管理制度的缺陷与误区

某企业通过董事会的表决作出财务内账（1 号账）用金蝶软件，外账（2 号账）用用友软件的“两套账决议”；某有限公司实行差旅费包干制度后不再强调有相关票据就能报销；更有甚者，某企业规定票据报销时按 60% 支付现金给当事者，40% 套现用于发放职工福利（即小金库）；还有并不明智的规定：某著名地产公司集团有制度规定员工对外捐赠每人次不超过 10 元……所有这些制度上的欠缺和问题都为企业埋下税务风险的地雷。

不少企业的财务制度、管理制度较为健全，如预算管理制度、会议制度、接待制度、礼仪制度、固定资产管理制度、废物管理制度、对外投资管理制度、包装物押金制度、债权债务管理制度、筹资管理制度、对外担保管理制度等应有尽有、一应俱全。例如，有的企业规定在仓库内不得用餐、喝水，1985 年张瑞敏到海尔任厂长，他规定的第一条纪律竟是“不准在车间大小便”。各种制度的存在凸显出的是，唯独涉税管理制度成为企业制度建设中的一大盲区。许多企业预算制度中没有关于税收的规划，费用预算支出中没有税收支付项的考量。可以说，制定制度不考虑或忽略涉税风险控制条款的企业比比皆是。

而实际上，不少税收文件和规定，税前扣除必须以企业相关的制度为前提。如国税函〔2009〕3号文件就规定了合理工资税前扣除的条件是企业建立和健全薪酬制度，福利费发放必须建立台账……企业有关制度就有必要补充涉税条款如补充协议工资制度等，只有在有关管理制度中嵌入税收元素，只有建立和实施科学的涉税内控制度体系，才能为企业管理安上放心锁，筑起防火墙，装有安全阀，才能提升税收风险防范能力，控制企业的纳税成本，降低企业的税收负担，实现企业可持续发展。

采购是企业产品生产的先行环节，它不仅牵涉到最终产成品的质量好坏，对产品成本的影响也非常大，进而对公司整体的效益产生直接影响。目前，公司一般都知道怎样加强采购环节的管理，如采购合同的管理、原料价格的管理、货物运输的管理、货物仓储的管理、出入库手续的管理等。为了规范公司的采购行为，还制定了相应的管理制度来保证质量、控制成本，避免一些不必要的损失。

这些管理措施是通过加强采购过程的控制来规避经营风险的做法，其实对于任何一家企业而言，加强采购过程的管理，规避税收风险都同样重要。如果采购部门只是看重所购货物的质量和价格，而不重视采购过程中的税收问题，就会造成“低价购进，高税支出”的情况，得不偿失。

财税从业者对以下情景一定不陌生：某企业老板正满面春风地表扬公司采购部门：“我们供应部的员工这个月为公司节省了20多万元成本，原来购入同质量的原料需要花260多万元，而这次只用了240万元。这是其他部门的员工都应该学习的。”

财务部门的员工疑惑地问：“老总，这20多万元他们是如何省下的呢？”有人指点迷津说“没要发票……”

这是个极其简单的案例，在中国的企业界用不开发票的办法省钱是最为常见的操作办法。撇开这种行为的违法性不谈，供应部门的这种行为真的能为公司省下20多万元吗？

从税务角度略加分析就会知道，没要发票意味着不能进成本，不得在税前扣除，因此，企业要为这260万元补缴企业所得税（如果在2008年以前是适用33%的税率，则为85.8万元）；如果是适用17%税率的一般纳税人，由于没有发票，更谈不上进项税额抵扣了，因此，公司还要按销售额全额补缴17%的增值税，计37.78万元。

如果不计滞纳金和罚款，单从税款来说，企业为了得到供应商20多万元的折扣，损失的税款就超过了123万元。这是不是老板所希望的结果呢？而补税罚款的时候，老板往往还会归咎于谁？——当然，板子往往不会打在采购人员身上，板子还是会打在财务人员身上！

财务人员是不是该挨板子？是不是可以跟老板说这完全是采购部门的事呀？也不对，因为这种现象也从某种程度上说明了该公司缺乏有效的内部税务控制制度。因此，财务人员要密切跟进公司的制度设计环节，在制度设计过程中不仅要进行成本和其他管理控制，同时很重要的是还要进行税务风险控制。

1.2 企业从制度走向成功

1.2.1 没有规矩，不成方圆

（一）一则故事

这是一则分粥的故事：有七个人曾经住在一起，每天分一大桶粥。要命的是，粥每天都是不够的。一开始，他们抓阄决定谁来分粥，每天轮一个。于是乎每周下来，他们只有一天是饱的，就是自己分粥的那一天。后来他们开始推选出一个道德高尚的人出来分粥。强权就会产生腐败，大家开始挖空心思去讨好他、贿赂他，搞得整个小团体乌烟瘴气。然后大家开始组成三人的分粥委员会及四人的评选委员会，互相攻击扯皮下来，粥吃到嘴里全是凉的。最后想出来一个方法：轮流分粥，但分粥的人要等其他人都挑完后拿剩下的最后一碗。为了不让自己吃到最少的，每人都尽量分得平均，就算不平均，也只能认了。大家快快乐乐，和和气气，日子越过越好。

同样是七个人，不同的分配制度，就会有不同的风气。所以一个单位如果有不好的工作习气，一定是机制问题，一定是没有完全公平公正公开，没有严厉的奖勤罚懒。如何制定这样一个制度，是每个领导需要考虑的问题。

［评论］中国有句俗话：没有规矩，不成方圆。其意思就是说，没有规则（即制度）的约束，人类的行为就会陷入混乱。这样一个朴素而重要的思想，可能没有人会认为它不正确，但它却一直在生活中被人们不应该地忽视了。

（二）两则寓言

一则是：车轮问方向盘："你为什么老卡住我的自由？"方向盘说："任你随心所欲，只会滚到邪路上去！"另一则是：玻璃大声宣布："我最反对条条框框的束缚！"垃圾箱听了哈哈大笑："那你就到我这儿来自由吧!”现在，我们应该明白，自由和约束是并存的。

［评论］规矩的制定是组织成员行为能够全体一致的前提和基础。实际上，任何组织都一样。要使组织成员——从数量上说是“从 2 到无限多”，能够具有统一的行为，组织者首先需要做的工作就是“建章立制”、确定游戏规则的工作。所以，一个明智清醒的管理者，其在组织建设上都把很大精力放在规则的制定上。

换一个角度说，使命和目标是指组织要干什么；而建章立制则主要是指这个组织和组织成员不能干什么。

某些时候，对一个组织来说，“不能干什么”比“能干什么”更重要。

（三）其他实例

1927 年 9 月，毛泽东率领工农革命军从江西遂川县准备向井冈山进发。他向部队指出，如果没有群众的支持，红军是无法生存的，所以，要爱护人民群众。为此，他亲自宣布了红军的“三大纪律”：

第一，行动听指挥；

第二，打土豪款子要归公；

第三，不拿老百姓一个红薯。

此后不久，毛泽东针对红军部队中出现的一些新问题，又宣布了“六项注意”：

第一，上门板；

第二，捆铺草；

第三，说话和气；

第四，买卖公平；

第五，借东西要还；

第六，损坏东西要赔。

红军的“三大纪律、六项注意”赢得了群众的真心信赖。当时流行着这样一首歌谣：“红军纪律真严明，行动听命令；爱护老百姓，到处受欢迎；遇事问群众，买卖讲公平；群众的利益，不损半毫分。”

1929 年，毛泽东将“六项注意”改为“八项注意”，增加了“洗澡避女人”和“不搜敌兵腰包”。至此，形成了解放军的“三大纪律、八项注意”的雏形。

1947 年，随着解放军成为中国最具有竞争力的武装集团，解放军的大兵团作战对其自身的军事纪律、政治纪律和群众纪律提出了更高的要求。10 月 10 日，毛泽东为中国人民解放军总政治部起草了重新颁布“三大纪律、八项注意”的训令，要求“以此为准，深入教育，严格执行”。

“三大纪律、八项注意”的重新颁布，对统一全军纪律，加强部队的思想和作风建设，具有重大的意义。可以说，许多中国人对解放军的最初认识，是通过对解放军“三大纪律、八项注意”的了解开始的。

企业同样需要自己的“三大纪律、八项注意”。

1985 年，张瑞敏到海尔任厂长，他规定的第一条纪律竟是“不准在车间大小便”。20 年后的今天，我们听起来可能感到有些可笑，但事实是，没有“不准在车间大小便”这条纪律，就不可能有海尔的今天。

联想董事局主席柳传志也是从制定“小”规定开始带领联想启动国际化历程的。柳传志自己讲：由于是知识分子办企业，最初大家没有时间观念，开会经常迟到早退。为此，他规定：谁迟到，谁罚站。但第一个犯规的是柳传志的老朋友、公司副总经理。怎么办？柳传志硬着头皮执行了纪律，自己也吓出了一身汗。

15 年后，2004 年底，当联想宣布收购国际著名 IT 企业 IBM 的全球 PC 业务时，尽管有人怀疑这个“蛇吞象”能否消化，但没有人质疑联想已经成为一个国际化的大公司。

[评论] 为什么说制度是重要的？因为，人类的一切活动都与制度有关。经济学的一条重要原理就是：人们会对激励作出反应。而不同的制度安排会对一个人产生不同的激励，从而导致他产生不同的行为反应。比如，国家宣布对超生孩子罚款，人们就会少生孩子；国家宣布对科技发明进行重奖，就会有更多的人献身科学研究。

经济学家 Sam Peltzman 的研究也可以从另一个角度说明这一点：20 世纪 60 年代后期，美国国会通过立法要求生产的汽车必须配备安全带。这项法律旨在提高驾车的安全性，但是它也改变了对人们的激励。安全带法律降低了驾驶员生命面临的危险，导致他们可以更放肆地开车，结果是这些法律减少了每次车祸死亡的人数而增加了车祸次数，结果是驾驶员死亡人数变动很小而行人死亡人数增加了。

1.2.2　企业纳税风险最终都可以且应该归结到制度的问题

其实经济运行的一切问题最终都可以且应该归结到体制（制度）的问题。比如我们常常提及人才外流，譬如高级和优秀的人才到国外、到外企等。一些评论说那些离去的人们失去了爱国热情、缺乏奉献精神，评论者不知道爱国主义和奉献精神是有价的。一个优秀的人才愿意留在国内企业工作，十倍的年薪都不足以将他吸引到国外企业，但是如果是二十倍、三十倍、一百倍呢？人才流失显然并不简单的是一个爱国主义、敬业精神、职业道德的问题，它更与报酬体制相关。同样，企业纳税风险最终都可以且应该归结到制度的问题。列举以下问题为例：如为什么企业会多缴税？为什么企业该利用的税收政策没有利用？为什么企业受到严厉的处罚？中国企业面临的不仅仅是金融危机下的经营风险，而且是重大的税收风险：老总在决策时忽视了税收；部门签合同时也不考虑税收；财务缴税时又没人监管复核税收；员工做业务时不考虑税收……所有这些都可以归咎于涉税制度的缺失与薄弱。

1.3 涉税制度设计的性质、对象和任务

1.3.1 涉税制度设计的性质

涉税制度设计作为一种管理活动，和一切经济管理工作一样，具有双重性。

涉税制度设计涉及生产力方面的内容，如台账技术，无论是和自然生产力还是社会生产力的关系，它不受社会制度的影响，都具有自然属性。因而涉税制度设计具有历史发展的继承性和不同社会制度下可以借鉴的技术性。同时一切社会的生产，都是在一定的生产关系中进行的。因此，任何社会的涉税制度设计工作，都必定同生产关系相联系，从而使涉税制度设计具有社会属性。涉税制度设计必须要体现社会主义生产关系和经济关系的要求，以维护财产的安全性和完整性，并通过设计工作，调动各方面的积极性，协调好社会再生产过程的各个环节，争取最大的经济效益。

1.3.2 涉税制度设计的对象和任务

1.3.2.1 涉税制度设计的对象

涉税制度设计是为进行涉税工作制定出准则和规范。为此，就必须针对现实的或将发生的涉税工作中存在的问题，提出解决的原则或办法，并以制度的形式固定下来，作为日常涉税工作的依据。所以，涉税制度设计作为一种实践活动，其具体对象是涉税工作过程。涉税工作过程就是特定主体通过设置涉税机构（企业税务部）、配备涉税人员（税务经理）、运用涉税制度设计专门的方法和步骤对税收资金运动和税收成本进行核算和监督。正因为如此，涉税制度设计可以理解为特定涉税主体以国家统一财政税收政策法规规范性文件依据，为研究企业涉税事务处理办法、涉税核算体系和涉税风险识别纳税监控的工作程序及安全策略的一项行为设计活动。

1.3.2.2　涉税制度设计的任务

涉税的主要职能是对社会再生产过程的资金运动进行核算与监督，这也就是涉税工作的任务。为了完成这些任务，特定主体就需要建立起一定的涉税机构，明确涉税人员的职责，并在此基础上，再设计一套科学的涉税指标体系，建立一套严密的涉税信息系统和有效的涉税控制系统，作为日常进行涉税工作的依据。建立这些制度，以保证涉税工作任务的完成，这就是涉税制度设计的任务。

（1）明确涉税机构的设置和涉税人员的职责。涉税工作要求对特定主体经济活动进行核算和监督。为保证独立地行使涉税基本职能，不受其他业务部门的干扰，涉税机构应具有一定的独立性。在此前提下，根据特定主体的经济经营规模、内部管理体制及业务量的多少等，确定涉税机构的设置、人员的配置及其内部的分工。

（2）设计一套科学的涉税指标体系。涉税指标是涉税制度设计的“牛鼻子”，是确定涉税报告的种类和项目、设置涉税科目、设置账户、进行涉税分析的依据。设计的涉税指标应当包括三个方面：一是为国家宏观调控提供服务的综合性指标，以便国家根据国民经济细胞的汇总综合信息，决定国家的宏观经济政策。二是为特定主体的所有者、贷款者、供应者、潜在的投资者和信贷者、职工、财务分析和咨询人员、经纪人、证券承揽人、律师、证券交易所、经济师、财经报刊、同业协会及社会民众提供服务的指标，以向其外部利害关系人提供有关投资和信贷决策、估量现金流量前景，以及关于特定主体资财、资财上的权利和它们变动情况的信息。三是为特定主体管理当局决策提供服务的指标，以帮助特定主体加强内部管理，提高效益，实现其目标。

（3）建立一套严密的涉税信息系统。涉税信息系统，由涉税指标、涉税科目、原始记录、涉税凭证、涉税账簿、涉税报告等形式和信息的收集、整理、分类、存储、传输等一系列程序所组成。信息组织形式必须严密，信息处理程序必须合理，形成一个完整的信息系统，保证及时、正确地提供涉税信息。

（4）确定一套有效的涉税控制系统。涉税机构、涉税人员对本单位实行涉税监督，是由《会计法》规定并受到《会计法》保护的。涉税制度设计的任务之一，就是规划有效的内部控制制度，明确规定所有经办人员在业务分工处理上和凭证手续上的岗位责任，使涉税机构、涉税人员既便于履行法律责任，又能使依法行使监督职权受到法律的保障，同时也利于涉税行为的自我纠正和自我完善，保护资财的安全完整，保证涉税信息的正确性和真实性。

1.4 制度设计的原则

涉税制度设计是涉税管理的一项基本建设，其质量如何直接影响到办税功能的发挥。因此，在设计涉税制度时，必须遵循一定的原则以保证设计的质量。

1.4.1 目的性

企业进行涉税制度设计前，应明确自己的目的是什么，想解决什么样的问题，对大型企业集团尤为如此，大型企业集团具有跨地区、跨所有制、跨行业的特点，相当一部分大型国有企业至今尚未执行关联交易管理制度。在进行设计前，企业应考虑制度的适用范围是什么；哪些特殊业务或内部监控需要设置内部科目来体现，使用内部科目需具备什么条件；如何设计内部报表（报告），以及时、全面地得到集团内部企业的财务信息及它们之间交易的情况，并辨别下属企业对集团的依存程度，如资金来源或利润来源。

1.4.2 合法性

设计企业内部涉税制度必须以国家和地方政府颁布的税收法规为依据，内容上应与相关法律法规，尤其是税法协调一致。企业在设计涉税票据管理制度、税收负担估算分析制度、涉税风险管理制度时，必须充分考虑税法的各项规定，要符合税法中的一般原则，符合涉税要素确认、计量的各项规定。

1.4.3 效益性

设计企业内部涉税制度以提高信息质量、工作效率为手段，最终目的是提高企业的经济效益，财务总监应充分考虑设计成本、运行成本和与之带来的效益之间的投入产出关系。例如对大型企业来讲，划小核算单位有利于控制成本，但相应会增加运营费用和核算环节；向下属单位委派涉税人员可以有效地提高涉税信息质量，但另一方面却增加了母公司财务负担，某种意义上削弱了下属单位独立经营、自负盈亏的意识。当然这些判断并没有一个严格的标准，只能根据企业自身管理的要求进行判断。

1.4.4 可操作性

与国家颁布的《税法》、《企业会计制度》、《会计准则》相比，企业内部涉税制度在表达方式上应该尽量浅显，并与企业日常涉税核算的实务紧密联系，内容上更为全面具体，某种程度上是对涉税法律、涉税政策相关内容的一个细化。对属于国家财税法规中可以选择的涉税政策，应作出明确规定，对未作规定的有关内容、程序、权限等问题作出明确规定，使企业涉税流程的各个方面都有章可循、有序进行。如提取福利费的依据是应发工资还是实发工资，工资中哪些项目不能作为提取的工资基数，福利费的列支范围具体包括哪些事项，超出范围之外应通过什么方式向上级部门汇报，经批准或备案后才能进行处理等，以及企业各单位内部科目使用、凭证（票据）交换、涉税账目处理流程等，便于基层财务人员实际操作。

1.4.5 监控性

设计企业内部涉税制度某种意义上是企业内部财务控制思想的体现，应贯穿于企业内部涉税制度设计的始终。对每项重要经济业务都要安排事前、事中、事后的控制方式，便于及时掌握和归集所需要的信息。对涉税账目列示方式、财务报告的披露方式要进行详尽地规定。如企业所有者权益非损益性变动、财产盘亏或盘盈、递延资产，预提费用科目的使用，重大资产处置、投资等事项财务处理前，所必须履行的审批手续，需要的支持文件等。必要时可在公司计财部门设置内部科目与下属单位的固定资产、在建工程等资本性支出项目建立起对应关系，使下属单位的资本性支出项目支出始终受到有效监控。

1.4.6 利益协调原则

利益协调原则是指设计企业财务制度时，应正确处理企业内外各种利益主体之间的财务关系，以使财务活动能够顺利进行，财务目标能够顺利实现。需要协调好的财务关系主要包括：

（1）企业与股东之间的财务关系；

（2）企业与债权人之间的财务关系；

（3）企业与财政、税务之间的财务关系；

（4）企业与客户之间的财务关系；

（5）股东会、董事会、监事会与经营层之间的财务关系；

（6）企业与员工之间的财务关系；

（7）企业总部与各分支机构及各职能部门之间的财务关系；

（8）内部各部门之间的财务关系；等等。

协调好上述不同利益主体之间的财务关系，对于企业财务活动的顺利进行和财务目标的最终实现具有十分重要的作用。而协调好各种财务关系的关键是处理好各利益主体的责、权、利关系，贯彻以责任为中心、权力为保证、利益为手段的企业内部经济责任制。在体现利益协调原则上，首先应落实承担责任，然后赋予责任人相应的管理权限，并按照履行责任的情况给予相应的物质利益。

1.5 制度设计基本理念

1.5.1 流程化的理念

（1）流程是对涉税管理制度在操作层面上的细化，是一个行为导引。

流程是指导员工如何办成一件事情，或者遇到问题如何处理，就像高速公路上的指示牌，为人指点迷津，有一点"用户手册"的味道。例如，很多新员工刚进公司的时候，不知道如何申请办公用品，电脑、网络有问题不知道找谁处理，公司的办公用品申请流程、设备申请流程就能指引员工，教员工一步步处理。即使对于老员工，很多流程一样有重要意义。例如公司需要加强对职工借贷方面问题的处理和控制，就可以针对职工借贷方面存在的问题改进流程，老员工只要遵照新的流程就能迅速改变工作方式而不会茫然失措。同样，在公司日常管理中，提前制定好的立项流程、变更流程、沟通流程、文档管理流程等也能避免管理中的混乱。很多公司和机构喜欢开个大会，宣布一项决定，以此作为更改管理制度的方式，却没有在流程中体现，这就导致员工或者按照各自的理解行事，或者无所适从，影响了决策的贯彻执行。所以行为引导作用是流程里面最具积极意义的部分，因为它促进而不是阻碍了工作的开展。

（2）流程是可以描述相关部门和角色的权力与职责。

因为流程里面都会有清晰的审批人（权力）和执行人（职责），这样就在操作层面明晰了相关部门的权力与职责的界限。例如采购流程里，申请人的领导考虑申请人是不是工作需要，财务要评估申请人部门有没有预算，采购部门要评估所要采购的设备是否合理。

不过在很多流程里，虽然列了一些审批人，但是没有说明各人从什么角度用什么依据审批，容易造成审批者擅自扩充权力，例如财务部门质问申请人："你需要购买这个设备吗？"这就超出了财务部门的权力和职责范围。

"权力和职责"界定的负面作用是：流程只能明确部分工作职责，而在工作中，存在大量灰色、无法界定的工作。这类工作，大家多是基于某些共识、惯例、默契来划分权力和职责。对于这些没有涉及的职责，或者本身就模棱两可的职责，如果相关员工不敢或不愿承担，就可以以流程没有规定来推诿，造成官僚作风。而一个进取的公司，其员工一定会抢着做灰色地带、界限不明确的工作，让职责和职责之间没有空隙，减少有事却无人做的情况。但如果公司领导处理不当，就会让流程在一定程度上限制员工的此类积极性，因而这个副作用需要良好的企业文化和进取的领导来平衡。

（3）流程具有防范风险的作用。

公司规模大了之后，不再一味图快，而要稳健发展，防止内部风险给公司造成大的损失。这在财务部门体现得最明显，包括前面说的采购流程。实现这个作用最常见的方法就是增加控制环节，做一件事情，一定要N个环节审批，增加事情的透明度，同时用人海战术来降低可能的风险。银行等金融机构的流程十分典型。

既然流程有这些作用，那我们应该如何建立流程呢？我们经常听到类似的新闻，某公司想改善管理，规范流程，于是将一些著名、先进企业作为模板，学习和复制他们的管理流程。但是他们在考察学习的过程中，往往只注重流程本身，却忽视了这些流程产生的历史背景、企业文化、经营性质等重要信息。实际上，不同的行业、不同的业务、不同的文化、不同的员工素质，流程都不一样。同时，流程的建立也要注重成本和效益。例如，小公司就不可能像大公司那样设立十分完善的流程，否则管理成本太高，而且降低了效率和灵活性这一小公司最大的优势。即使是大公司，如果为了减少每月100元的办公用品浪费，就要求每次领签字笔的时候都要领导签字，各级员工花在申请和审批上的时间可能就价值上万元。当然，浪费问题也不能忽视，但流程不是唯一的途径。

流程的建设不是一锤子买卖，正如前面所说，流程有其历史背景、企业文化背景等，因而任何流程都有其时效性，是动态的，需要根据周围环境的变化而变化。这就要求流程的制定者不断监控和评估流程的执行情况，观察流程制定时的依据是否还存在，不能觉得流程制定推行完毕就万事大吉。流程是活的，是实现企业目标的一个工具，只有摸透了流程的本质，运用起来才会得心应手。

1.5.2　表格化的理念

（1）表格化管理是提高管理效率的好方式。

所谓表格化运营管理体系，是采用系统思维的创新管理方法，通过运营体系建设，深入分析和辨识“职能”和“职责”的关系，杜绝职能分配的管理“真空”。运用流程控制的工作方法，规范职能运作，理顺业务流程，消灭管理“盲区”和“死角”。在涉税制度设计过程中以表格为载体，用表格化工作语言固化职能、优化流程、提高工作效率，实现管理创新。

(2) 表格化是管理循环最直观的表达。

表格是管理的书面表现，也是管理的工具。管理学上有一个著名的PDCA 循环：

P——Plan（计划）

D——Do（执行）

C——Check（检查）

A——Action（改善）

有效的管理，必须完整包含这几个步骤，而表格，就是 PDCA 管理循环最直观的表达。将纷繁复杂的管理工作分门别类，会让我们的思想条理清晰，避免无序造成的时间和费用的浪费。表格是行动的指南。各种表格及其中的栏目，其实在告诉你，这些栏目，都是你必须要做好的工作。表格是业绩的体现。通过表格，可以反映每个人的业绩。业绩，其实只是一个结果，结果的好坏是如何得来的，返回头又可以通过研究表格得出结论。表格条理非常清楚，体现着管理的精神。

(3) 表格是落实制度的重要途径。

所谓管理表格化，是企业规范化管理的主要实施途径。把制度转化为表格，表格化是落实制度的重要途径。其具备简洁、明了、易操作的特点，易把制度化的东西转化为可实际操作的东西。用表格化工作语言固化职能、优化流程、提高效率，实现公司管理规范化的目标。表格化制度设计理念，务实地把公司的人力、物力、财力以及时间等因素作为资源，糅合成表格，以可靠、通畅、严谨的流程化形式承接出来，以此为切入点，谋求企业内外协调发展，实现管理规范化的目标。

表格应用首先应让员工和有关人员理解表格内涵，教会如何应用表格进行涉税管理，如有关所得税台账表格应用。如果对表格化管理的作用和意义理解不透彻，盲人摸象，在应用上就出现片面化的偏差，达不到预期的管理效果。表格设置要简单务实：不能完全照抄其他公司的全套报表，要根据公司的实际情况设计，简洁而不繁杂，务实而不空洞。防止表格千篇一律和自相矛盾，没有逻辑关系。

1.5.3 数据化的理念

(1) 数据演示了工作要素的可识别性和可重复性。

100 年前泰勒提出科学行为管理，强调精细化、标准化和数量化，但在 21 世纪的今天，我们很多企业却还没有走出原始管理的圈子，蔑视数字，对数字的认知如同盲人摸象，一知半解或不知其用，存在很多的盲点。这就是我们管理落后的根源。

俗话说“好记性不如烂笔头”。在企业小的时候，人员少，生产简单，没有众多复杂的机械设备，凭借个人经验和直觉，就可以判断或毛估出有关数据；但是，在企业稍微发展到一定的规模后，再好的个人记忆也无法记录和判断各种众多繁杂的数据，这就需要数字化管理。

在我们的企业管理中，数字化有两个概念：一个是数字化（数据化）概念；一个是信息化概念。今天我们阐述的重点是数据化管理的数字化概念。

数字化是规范化管理中最核心的部分。是起点也是终点，数字确定了目标也反映了结果，是验证我们管理成效的基本依据。西方管理学界有句名言：“无法量化，就无法管理。”这是一个很容易理解的事实。当一项模糊性的工作被分解成若干可以量化的数字指标后，看起来就会变得一目了然。一些凭借个人直觉和经验而无法察觉的缺陷与不足，就会在清晰的数字下显现出来。

我们很多企业，非常重视个人的商业智慧和人际关系处理能力，认为用“数字”来衡量和管理员工的业绩，是站不住脚的。因为很多企业的老板，基本是靠个人经验和直觉来管理企业的，没有数据概念，缺乏对于“数字”最基本的尊重。其主要原因一是传统文化的历史延续，忽视“数字”作用。二是对数字化管理重要性认知的浅薄。使企业无法重视数字化管理。如：在我们的传统中，企业几十甚至上百员工一个月赚取的利润，根本不如老板（或某个人）依靠亲友或官员的资源赚取的利润。这一对比，就意味着“效率”失去了管理的价值，一个官员一纸批文能够带来巨额暴利，这样我又为什么要费尽力气地在企业内部挖掘效率呢？因此，在这些人眼里，“数字”管理在企业中就变得没有多少意义。

在很多管理者看来，用“数字”来衡量和管理一个人的业绩，是不合适的，因为“数字”本身既无法衡量一个人的奉献精神，也无法判断其是否具有忠诚的品德。殊不知，判断一个人的忠诚与奸诈、奉献与偷懒等等是属于道德范畴的价值标准，是需要管理技巧和方法来改变的。而我们的业绩是靠数字来衡量的。

（2）今天的管理活动时时刻刻都离不开数据化管理。

请看数据化管理在我们管理活动中的作用：

- 提供清晰的管理依据。数据化有助于我们理清管理思路，固化管理指令、程序、措施等系列管理行为。使我们的工作目标和计划一目了然，使企业各类经营指标可以在管理活动中快速地传递。企业指令的发出者或接收者清晰明白，减少传达和理解的失误。

- 数据可以在企业中广泛运用。数据化促使我们在管理活动中去记录、分析、存档数据，使我们积累更多的经验和养成良好的习惯。数据是丰富的资料，是企业的一种资源，为企业进一步作业提供真实依据，为企业改进与创新提供第一手资料。

- 数据化是管理细化的基本标准。数据化管理推崇以事实为依据，从基本层面上杜绝或减少管理失误。同时也适宜于企业各个层面的量化管理，可以优化流程，建立标准，改善结构。数据同时也最能说明管理状况、是各种管理结果的基本依据。

- 便于企业进行绩效考核。数据化管理为企业进行考评与激励以及制定惩罚措施、实施绩效管理，为我们对管理效率高与低，产品质量优与劣、员工工作的好与差等诸多方面设定了一个评价标准，为我们提供最直接最真实的依据。便于我们在管理中更好地建立公平、规范的管理机制。

- 数据提升管理成效。重视数据管理就会加强过程管理。如企业的库存是否合理、财务是否健全、销售网络是否正常、生产流程是否顺利、售后网络是否完善，只要我们用图表数据反映出来，必定促使企业去找根本原因，企业的管理水平可以借此进一步得到提高。

- 可以推进企业信息化建设。今天企业必须面对“信息化管理”的浪潮，而信息化管理正是以数据化管理为基础建立起来的，许多企业实施信息化结果的差强人意和扭曲变形，其中一个重要原因，就是企业岗位、职能和流程的“数字化”程度不高，从而直接导致了岗位或流程的“可重复性”的缺失，而不能复制或重复的岗位或流程，则成为个人凭借经验的随意性工作导致管理不够规范的罪魁祸首。

（3）数据是决策的重要依据。

对于企业做出一些重要决策或投资活动，无论采用什么程序和方法，数据都是最好的判断标准。只有数据采集是真实的，我们的研究、分析和论证才有说服力，才能做出最优的判断。

实际上，只要我们企业重视数据化管理，在数据化管理上下工夫，数据化管理的作用远不止这些。我们今天管理活动时时刻刻都离不开数据化管理，从我们的工作要产生何种结果，由谁来完成，在何处完成，何时完成，完成程度，需要哪些信息和数据来帮着处理。数据化管理对应于内容管理、竞争情报、知识管理、商业智能、数据存储，成本收益，归纳和分析各个业务子系统的信息，运用统计学的一些方法来细分消费者等等各个方面，都是管理活动中最直接、最行之有效的方法。

事实上，假如我们企业重视或愿意的话，几乎绝大部分的管理要素、模块和结果，都可以进行数字化设计和管理。

1.6 企业财务制度设计的方式

企业财务制度设计是一项复杂的系统工程。从本质上讲，一个科学、合理、有效、实用的企业财务制度是理论与实践活动相结合的产物，是管理方法与操作经验的结晶，它的字里行间无不凝聚着设计者的智慧和汗水。仅就理论而言，制度设计者除了要娴熟掌握现代财务活动的一般规律、程序、方法外，还必须掌握社会哲学、政治经济学以及系统论、信息论和控制论的现代理论和技术等，它们能够为涉税制度的设计提供理论和一般方法指导，确保制度设计的科学、有效。就实践而言，主要体现在制度设计者是否具备如下客观条件：

一是掌握了解国家财税法规以及经济发展状况；

二是熟悉、理解企业的生产经营特点和管理要求；

三是精通财务管理和涉税核算，具有丰富的财务与涉税实务经验；

四是熟悉现代审计理论和方法；

五是熟悉内部控制理论和方法；

六是了解计算机理论和应用方法；

七是有较强的逻辑思维、抽象思维和理解、判断能力；

八是有较强的语言表达能力和文字能力。

实际上，能够完全具备上述条件的专家并不多。现实的做法是：根据制度设计的范围、内容、难易程度等具体情况决定制度设计的组织形式。例如，较大范围的财务制度设计应该成立一个制度设计组，单个制度设计可以由一至二人负责。同时，应根据本企业财务人员的业务素质、理论知识水平等客观情况决定选择恰当的制度设计方式。一般而言，企业涉税制度的设计方式主要有自行设计、委托设计和联合设计三种。

1.6.1 自行设计

自行设计是指由企业自己的财务人员组织和独立进行的制度设计。这种方式的优点是：设计人员了解企业的基本情况和业务流程；掌握企业的管理需要；便于上下左右部门和人员的沟通；节省制度设计费用。缺点是：内部设计人员往往囿于成说，创新不足，保守有余，难以在制度创新上取得突破；如果同时设计全部财务制度，则时间上不能保证；假若设计人员的学识水平达不到要求，则很难保证财务制度的设计质量，最终导致制度成本提高。自行设计方式适用于企业单项财务制度的设计或本企业拥有高水平制度设计团队的情况。

1.6.2 委托设计

委托设计是指企业委托、聘请社会上的财务咨询服务机构或其他财务专家为企业设计财务制度。这种方式的优点是：设计人员一般为理论水平、技术水平较高的专家，知识面宽、创新意识强、无后顾之忧，且了解国内外业内情况，可以设计出水平较高的财务制度，有利于企业财务管理水平的提高。缺点是：外部设计人员需要花费较长的调研时间了解企业的基本情况、业务流程和管理需要；设计成本较高；如果设计人员实践经验不足，就会造成重形式、轻内容的设计风格，使设计的财务制度缺乏实用价值。委托设计方式适用于企业全面财务制度体系设计或本企业缺乏高水平制度设计团队的情况，特别是新建企业、改制企业和发展较快的企业更适合委托设计方式。

1.6.3 联合设计

联合设计是指以企业的财务人员为基础，同时聘请有关专家进行指导，共同设计企业财务制度。这种方式综合了自行设计和委托设计的优点，有效规避了两者的缺点，使企业的设计人员和外部设计人员相互配合、取长补短、相得益彰，设计的财务制度往往比较科学和实用。特别是企业财务人员通过和制度设计专家一起工作，可以有效提升自身业务技术素质，提高企业的财务管理水平。联合设计方式适用于各类企业、各种情况下的企业财务制度设计。

1.7 古今中外优秀制度借鉴

1.7.1 古代中国法制史的启示举要

1.7.1.1 先秦时期“刑”、“法”、“律”中的制度智慧

中国古代法典的名称，大体经历了“刑”、“法”和“律”三个阶段。法典的内容与名称之间究竟存在着什么关系？对此学术界有很多争议。一些学者从文献学、训诂学等不同角度对这些问题加以讨论，提出不少精辟见解。这里主要从传世文献中提到的和经考古发现的法律文书本身入手，谈一谈自己的看法。

“刑”：在中国古代，“礼”规定了人们的日常行为规范，而“刑”则规定了对违反礼制者的惩罚措施。“刑”是从另一个方面对“礼”所做的规定。

"法"：晋国赵盾制定的"常法"不仅有正刑定罪方面的内容，还有改良政治、选拔人才、维护礼制等方面的内容，这后一部分内容是刑书所不具备的。

在赵盾之前，晋文公曾"作执秩之官，为被庐之法"，杜预注："（鲁）僖二十七年，文公蒐被庐，修唐叔之法。""蒐"是古代带有军事检阅性质的一种礼仪活动，借以顺少长、明贵贱，因此"被庐之法"主要是强调礼制，维护尊卑等级。银雀山汉简的出土，使我们有机会了解战国时期齐国法律的部分内容。从这批竹简中可知，齐国法律也以"法"命名，如《守法》、《库法》、《市法》、《田法》等等。这些"法"有科罪量刑的内容，最典型的就是"公人"制度。

"律"长期用于指音律，而音律是要求与度量衡一样精确严密的。"律"也很早就与"法"有联系。《左传·宣公十二年》"师出以律"杜预注："律，法。"《左传·哀公十六年》"尼父，无自律"杜预注："律，法也。言丧尼父，无以自为法。"因此，强调"明法"、主张信赏必罚的法家，一方面为了与传统的礼、刑相区别，一方面也希望法律能像音律一样精确严密而为人们所信奉，于是便以"律"名"法"。商鞅改法为律，也只能从这一意义上理解，实不能过分夸大。

1.7.1.2　秦律的制度借鉴

秦朝的建立，在中国历史上具有划时代的意义。它存在的时间虽然很短，但由此开始的政治、经济制度在以后两千多年的封建社会中，有着极为深远的影响。秦律，即秦代法律的总称。公元前356年商鞅变法时曾采用李悝的《法经》，并改法为律，颁行秦国。公元前221年秦始皇统一中国后，将秦律修订，作为全国统一的法律颁行各地。秦二世即位后，又修订了秦朝的律令。《秦律》的律文涉及政治、经济、军事、文化、思想、生活等各个方面，使各行各业各个领域"皆有法式"。据1975年12月在湖北云梦睡虎地出土的《云梦秦简》所载，秦律不仅有《法经》六篇的内容，而且还有《田律》、《效律》、《置吏律》、《仓律》、《工律》、《金布律》等内容。秦律有调整封建经济的作用，并且基本上是镇压农民的反抗，巩固地主阶级专政的工具。秦律为以后的汉律所继承。

秦律主要内容是保护封建基础，维护统一的专制主义中央集权封建国家的经济制度；维护地主阶级对农民的政治压迫，镇压农民的反抗活动；保护官府和私人占有奴隶；保护官僚地主特权的诉讼制度和监狱管理制度。秦律中的刑罚有：（1）死刑，主要有弃市和磔。（2）肉刑，有斩足、宫、劓、黥等肢体刑。（3）徒刑，将犯人拘禁起来，并使服苦役。（4）迁刑，即将犯人流放边地。（5）笞刑，即鞭笞之刑。（6）赀罚，让罪人向官府缴纳财物或提供劳役以达到惩罚的目的。

1.7.2 罗伯特议事规则

美国则是一个崇尚自由的民族，但我们可能不会想到美国竟有规定会议怎么进行的规则。

说到开会，我们中国人可以毫不夸张地说是开会“大国”，有些年可以说是天天开，甚至是一天到晚开。大会小会，什么样的会都开过。有一种说法是“旧社会税多，新社会会多”。美国人是会少，不仅少，而且短；工作中的碰头会之类的，常常是站着开。

美国人崇尚自由，但美国人对待开会却是严肃认真的，美国人是会少规矩多。他们有一本厚厚的开会规则——《罗伯特议事规则》（Roberts Rules of Order）。这在世界上是独一无二的。这部由亨利·马丁·罗伯特撰写的《议事规则袖珍手册》（Pocket Manual of Rules of Order）于1876年出版，几经修改后于1990年出了第九版。

《罗伯特议事规则》的内容非常详细，包罗万象，有专门讲主持会议的主席的规则，有针对会议秘书的规则，当然大量是有关普通与会者的规则，有针对不同意见的提出和表达的规则，有关于辩论的规则，还有非常重要的、不同情况下的表决规则。

有一些细节规则后面的逻辑原则是十分有意思的。比如，有关动议、附议、反对和表决的一些规则是为了避免争执。原则上，现在在美国的国会、法院和大大小小的会议上，在规范的制约下，是不允许争执的。如果一个人对某动议有不同意见，怎么办呢？他首先必须想到的是，按照规则是不是还有他的发言时间以及是什么时候。其次，当他表达自己的不同意见时，要向会议主持者说话，而不能向意见不同的对手说话。在不同意见的对手之间的你来我往的对话，是规则所禁止的。

在国会辩论的时候就是这样。说是辩论，不同意见的议员在规定的时间里，名义上是在向主持的议长或委员会主席说话，而不能向自己的对手“叫板”。自己发言的时候拖堂延时，或者强行要求发言，或者在别人发言的时候插嘴打断，都是不允许的。

在美国的法庭上也是这样，当事双方的律师是不能直接对话的，因为一对话必吵无疑，法庭就会变成吵架的场所。规则规定，律师只能和法官对话，向陪审团呈示证据；而陪审团按照规则自始至终是“哑巴”。不同观点和不同利益之间的针锋相对，就是这样在规则的约束下，间接地实现的。

像议事规则这样的技术细节，对于美国这样多元化而又强调个人自由、人人平等的国家是非常重要的，是民主得以实现的必要条件。否则的话，如果发生分歧就互不相让，各持己见，争吵得不亦乐乎，很可能永远达不成统一的决议，什么事也办不成。即使能够得出可行的结果，效率也将十分低下。《罗伯特议事规则》，就像一部设计良好的机器一样，能够有条不紊地让各种意见得以表达，用规则来压制各自内心私利的膨胀冲动，求同存异，然后按照规则表决。这种规则及所设计的操作程序，既保障了民主，也保障了效率。

《罗伯特议事规则》是在洞彻人性的基础上，经过精心琢磨而设计的。正是这种对细节把握得精致完美的规则，才最大限度地实现了公平与效率。

所以，任何一个真正成熟的管理，无论是社会管理，还是经济管理，必然是靠在对细节精确把握的基础上制定的规则来运行的。管理离不开规则和标准，而规则和标准正是精致的完美表现。

厦门航空公司曾经发生过一起飞行事故，飞机升空后起落架无法收回。问题处理过后，厦门航空公司写下了第一张 SOP，就是所谓的标准作业规范。其中还说明了如何不要忘记起落架上面的插销，因为那次事故就是插销没有拔的缘故。飞机机身有任何地方在维修，都要系上一条红丝带。另外插销要怎么拔，拔了以后要后退几步，手要怎么举起，飞行员怎么看到，大家怎么打手势等等都有十分详细的标准。再出现任何问题就可以查阅 SOP，找出问题的所在。

1.8　制度建设案例分析及流程图范本

1.8.1　制度建设的案例分析

【案例 1 - 1】

员工借款管理规定

第一章　总则

第一条　为加强员工借款管理，减少资金占用，更好地服务于企业生产经营，特制定本规定，本规定适用于公司各部门及所属分公司。

第二章　员工借款的审批和额度

第二条　员工借款审批。

（一）公司员工因公出差、零星采购、工程周转金、工程协调费借款及办理其他零星支付业务，根据需要可借用现金。

（二）公司员工借支现金需填写“借款单”，经部门负责人批准，财务主管审核后，报总经理签批。现金借支2万元以上的，要提前1个工作日通知财务部。

（三）临时工和试用期的员工不能借支现金，有出差任务时，由同行人员借支现金。

（四）现金借支人应亲自到财务部门支取现金并在现金支付凭证上签字，委托他人支取的，必须由受托人在现金支付凭证上签字。

第三条 员工借款额度。

（一）为了更准确地掌握现金的收支，原则上800元以下的现金支出不予办理借款。

（二）员工借支现金前必须预计合理的借支额度，部门负责人应进行额度的审核，超出合理范围的员工借款，财务部门不予借支。

（三）对不同级别的员工设置最高借款限额，未还借款超过限额时，财务部不再向其借款，公司工程部工程周转金和协调费借款的人员可上浮一个级次，特殊情况下，由借款人提出借款事由，经总经理批准后，方可办理借款。

级别额度：

副总裁级100000元；

总经理级80000元；

副总经理级40000元；

经理级10000元；

其他人员5000元。

（四）财务部对部分频繁进行现金支付的员工，可核定每人不超过2000元的借支额度作为周转使用。

第三章　员工借款管理

第四条 禁止白条抵现，对于符合规定的员工“借款单”，财务部要及时进行账务处理。

第五条 员工借款的报销应取得合法的报销票据，部门负责人审核其业务合理性后，财务部审核票据的合法性，并经总经理核准后，进行会计处理。

第六条 员工报销款项应首先用于偿还借款。有工作任务需支出现金时，需再次履行借款日批手续，财务部门不得直接支付现金。

第七条 工程周转金借款，实行“前账不清，后款不借”原则。报销还款时，必须取得合法的报销票据符合《公司拨付工程款规定》，按报销规定程序报销。

第八条 工程协调费借款（应有协议或合同等），对于能够取得合法的报销票据，应在1个月内报销还款；对于不能够取得合法的报销票据，应取得对方盖有公章的收据或按有手印的收条，并有经办人、证明人和批准人签名，在3日内交财务部，由财务部统一办理代开发票，然后由经办人按照规定报销程序报销还款，对于属于特项支出的业务，还要填写“特项业务申请表”，按规定程序进行审批。

第九条 财务部要严格控制员工借款总量，准确掌握员工现金借支、报销和还款的情况，及时清理借支，对借款期限超过2个月的员工，财务部应下发“员工借款清欠通知单”（见附件）催收。财务部每季度要对员工借款进行一次全面清理。

第十条 对于员工逾期借款且接到“员工借款清欠通知单”10日内仍未还清借款的员工，执行“前账不清，后账不借”的原则，并会同人事部门从借款人工资中逐月扣还。

第十一条 人事部门对于有辞退意向和调出意向的员工，应事先通知财务部，待其还清所有借款后，再履行相关手续。

第四章 附则

第十二条 部门负责人对下属员工现金借支审核不慎造成坏账损失的，部门负责人负责解决。

第十三条 本规定由财务部负责解释修订。

第十四条 本规定自下发之日起执行。

附件（略）

[请思考]

1. 该制度从形式和内容方面考察有何缺陷？
2. 员工借款涉及哪些税收及相关法律问题？
3. 如让你来修改完善，你会增加哪些内容？

【案例1-2】

职工借款管理制度

为了规范公司财务行为，加强职工借款的管理和核算，减少不合理的资金占用，特制定本制度。

一、借款的范围

（一）职工因公出差需要借支的款项；

（二）业务员零星采购所需的款项；

（三）经财务部门核准可周转使用的周转金、备用金；

（四）其他因业务需要必须预借现金的款项。

二、借款的限额

（一）因公出差人员借款限额，按预计出差天数及标准核定：

1. 车船票、飞机票按预计金额借款；

2. 住宿费、补助费按每人每天100元借款；

3. 如有特殊原因需增加款项时，应在借款单上阐明理由。

（二）零星物资采购，按计划金额借款。

（三）周转金、备用金的限额，按财务部核定的数额借款。

（四）其他借款应根据实际情况填写借款单，不得多借。

三、借款的程序

（一）职工借款需办理如下手续：

1. 借款人按借款限额填写“现金借款单”，并签名、盖章；

2. 借款人所在部门负责人签署意见；

3. 公司分管总经理批示；

4. 财务负责人审批。

（二）借款人员根据签字手续齐全的“现金借款单”到财务部门办理借款，经审核人员审核后由出纳员支付现金。

（三）职工借款必须按规定办理借款手续，并严格按限额借款，否则，财务部门不得付款。

（四）财务部门对已支付的借款作如下处理：

1. “现金借款单”为增加应收款的凭证；

2. “现金借款单”存根由出纳人员留存，作为催收借款和还款时的依据。

四、借款的归还

（一）职工出差返回及零星采购结束后，必须及时到财务部门办理报销手续，并结清欠款。

（二）会计人员应根据借款申请严格审核报销凭单，对不符合借款申请用途的票据不予报销，一切后果由责任人承担。

（三）职工借款的归还期限如下：

1. 出差借款自最后一天的住宿日期或回公司所在地的车船票日期算起，在10日内，到财务部门办理报销及还款手续；

2. 零星采购以购货发票日期为准，在10日内，到财务部门办理报销及还款手续。

（四）职工借款的归还实行逐笔结清的办法，已发生借款尚未结清者，一律不准再发生新的借款。具体还款程序如下：

1. 借款人将手续齐全的现金报销单据交财务部门，由稽核员审核无误后交现金出纳办理现金付讫手续；

2. 借款人足额归还借款时，出纳员将现金清点无误与借款单存根核对相符后，开具现金收讫凭证作为借款人归还借款的依据。同时，将借款单存根和现金收据一并交借款人存查。

（五）实行备用金制度的，借款人报销时，由财务部门付讫现金，借款滚动使用。借款人调离原部门后，应立即归还所借的备用金。

五、借款违章的处罚

职工借款后，不按本制度规定办理还款手续的，一律视为挪用公款，并按以下办法给予处罚：

（一）超过购货发票日期及超过最后一天住宿日期或回本地车船票日期10天，未还清借款的，从第11天开始，按日计收1‰的罚息。由财务部门出具收据，从借款人工资或报销的费用中扣回。罚息计算公式如下：

罚息数额 = 借款金额 × 1‰ × 超期天数

（二）职工出差回本地后超过一个月未到财务部门办理结算手续的，除执行罚款外，取消其享受出差补助费的资格。

六、附则

（一）本制度由财务部制定、解释和修改。

（二）本制度自颁布之日起施行。

现金借款单存根

工作部门	
借款人	
借款金额（元）	
开支项目：	
1. 车船费	
2. 住宿补助	
3. 其他	

借款人		预计还款日期	年　月　日
借款事由			
借款金额	人民币（大写）		¥________
财务负责人审批	分管总经理批示		部门负责人意见
备注：老借款未清者，一律不准发生新借款			借款人签章

预计还款日期　　年　月　日　　忠告：借款人必须按规定期限归还借款，超期按日计收1‰的罚息。

［分析与评论］

（一）制度的形式与内容的缺陷分析

案例二《职工借款管理制度》至少有三大特点：一是章法结构清晰合理，逻辑性强；二是制度严谨、规范、精细。如还款期限规定出差借款自最后一天的住宿日期或回公司所在地的车船票日期算起，在10日内，到财务部门办理报销及还款手续；三是设定了“管制度的制度”条款，如借款违章的处罚规定：职工出差回本地后超过一个月未到财务部门办理结算手续的，除执行罚款外，取消其享受出差补助费的资格。

（二）员工借款涉及哪些税收及相关法律问题分析

对此问题我们通过股东借款涉及税法、工商法规、银行法规及刑法的问题加以分析。

【案例1-3】张某是江苏省南京市吉祥机械制造有限责任公司老总，同时张某亦是该公司三个自然人股东之一。2008年初，张某因准备参加一个投标项目，但因企业的注册资本不够，企业需增资1000万元才有资格参加投标。张某决定在正式投标之前增加自己的注册资本1000万元。张某及其他两位股东一时拿不出1000万元的现金出资，某会计师事务所建议张某用公司的盈余公积1000万元转增资本。

根据《关于转增注册资本征收个人所得税问题的批复》（国税函〔1998〕333号）规定：×××有限公司将从税后利润中提取的法定公积金和任意公积金转增注册资本，实际上是该公司将盈余公积金向股东分配了股息、红利，股东再以分得的股息、红利增加注册资本。因此，依据《国家税务总局关于股份制企业转增股本和派发红股征免个人所得税的通知》（国税发〔1997〕198号）精神，对属于个人股东分得并再投入公司（转增注册资本）的部分应按照“利息、股息、红利所得”项目征收个人所得税，税款由股份有限公司在有关部门批准增资、公司股东会决议通过后代扣代缴。自然人股东需缴纳200万元的个人所得税款。

为节约个人所得税款200万元，该会计师事务所给出了纳税筹划方案：

由股东张某及其他两位股东各自按投资比例借款，总金额为1000万元，后再由股东向公司现金增资即可。

股东现金借款，不属于个人所得税征税范围，没有个人所得税问题。

纳税筹划效果：节约个人所得税200万元。

[分析]

（1）涉税风险分析

• 个人所得税

根据《关于规范个人投资者个人所得税征收管理的通知》（财税〔2003〕158号）第二条规定“关于个人投资者从其投资的企业（个人独

资企业、合伙企业除外）借款长期不还的处理问题。纳税年度内个人投资者从其投资企业（个人独资企业、合伙企业除外）借款，在该纳税年度终了后既不归还，又未用于企业生产经营的，其未归还的借款可视为企业对个人投资者的红利分配，依照'利息、股息、红利所得'项目计征个人所得税”可知：

上述三位股东在2008年12月31日不能归还借款的情况下，仍需负担200万元的个人所得税款。

- 印花税

根据印花税的相关文件，借款合同双方按借款金额的十万分之五的税率缴纳印花税。双方税负和为10000000×2×0.0005=1000（元）。

- 营业税

根据新《税收征收管理法》第三十五条第六款：“纳税人申报的计税依据明显偏低，又无正当理由的。纳税人有下列情形之一的，税务机关有权核定其应纳税额：……”规定可知：公司应该按正常情况收取利息。若不收取利息或收取的利息明显偏低的，主管税务机关有权核定征收。

依据《关于财政资金增值收入征收营业税问题的批复》（国税函〔2001〕1007号）第一条规定，不论金融机构还是其他单位，只要是发生将资金贷与他人使用的行为，均应视为发生贷款行为，按“金融保险业”税目征收营业税。因此，对投资公司将财政资金贷与他人使用而取得的贷款利息收入，应按规定征收营业税。可知：公司借出款项所收取的利息应该征收营业税。如果借款利率为8%，企业每年应纳营业税及其附加为1000×8%×5.5%=4.4（万元）。

- 企业所得税

根据《企业所得税法》第四十一条的规定，企业与其关联方之间的业务往来，不符合独立交易原则而减少企业或者其关联方应纳税收入或者所得额的，税务机关有权按照合理方法调整《企业所得税法实施条例》。第一百零九条规定：“企业所得税法第四十一条所称关联方，是指与企业有下列关联关系之一的企业、其他组织或者个人。”规定可知：新企业所得税法将个人与公司之间的特别关系亦纳入到关联方的范围。

企业每年增加的应纳企业所得税为（1000×8%－4.4－0.1）×25%=19（万元）

总税负为200+4.4+0.1+18.6=223.1（万元）

（2）涉及工商行政处罚

根据《国家工商行政管理总局关于股东借款是否属于抽逃出资行为

问题的答复》（工商企字〔2002〕第180号）规定，依照《公司法》的有关规定，公司享有股东投资形成的全部法人财产权。股东以出资方式将有关财产投入到公司后，该财产的所有权发生转移，成为公司的财产，公司依法对其财产享有占有、使用、收益和处分的权利。公司借款给股东，是公司依法享有其财产所有权的体现，股东与公司之间的这种关系属于借贷关系，合法的借贷关系受法律保护，公司对合法借出的资金依法享有相应的债权，借款的股东依法承担相应的债务。因此，在没有充分证据的情况下，仅凭股东向公司借款就认定为股东抽逃出资缺乏法律依据。如果在借款活动中违反了有关金融管理、财务制度等规定，应由有关部门予以查处。《国家工商行政管理总局关于山东省大同宏业投资有限公司是否构成抽逃出资行为问题的答复》（工商企字〔2003〕第63号）第一条规定，借、贷业务是金融行为，依法只有金融机构可以经营。工商企字〔2002〕第180号文件所指股东与公司之间合法借贷关系，是以出借方必须是银行或非银行金融机构（如信托投资公司或财务公司）为前提的。非金融机构的一般企业借贷自有资金只能委托金融机构进行，否则，就是违法借贷行为。非金融机构的股东与公司之间如以借贷为名，抽逃出资，可依法查处。第二条规定，公司以自有资产进行投资，并以投资作为主要经营业务。接受委托并以委托人名义，以委托人资产进行的投资属于信托投资的范畴。从事信托业务应经人民银行或证监会批准，未经批准、未经登记注册，不得以各种形式从事信托活动。在其股东未取得信托投资经营范围的情况下，公司以委托其股东从事投资业务的名义，将股东的出资全额划入股东账户，此种行为可以认定为变相抽逃出资行为。由此可知：

张某及其他两位股东从非金融企业借款，此种行为可以认定为变相抽逃出资行为。按《公司法》第二百零一条规定，公司的发起人、股东在公司成立后，抽逃其出资的，由公司登记机关责令改正，处以所抽逃出资金额百分之五以上百分之十五以下的罚款。张某及其他两位股东可能被工商部门处以50万元至150万元的罚款。

（3）违反金融法规定

根据《贷款通则》（中国人民银行令1996年2号）第五章贷款人第二十一条规定，贷款人必须经中国人民银行批准经营贷款业务，持有中国人民银行颁发的《金融机构法人许可证》或《金融机构营业许可证》，并经工商行政管理部门核准登记。第七十三条规定，行政部门、企事业单位。股份合作经济组织、供销合作社、农村合作基金会和其他基金会擅自发放贷款的；企业之间擅自办理借贷或者变相借贷的，由中国人民银行对出借方按违规收入处以 1 倍以上 5 倍以下的罚款，并由中国人民银行予以取缔。由此可知：

上述吉祥公司不具备贷款的资格，可以由中国人民银行对出借方按违规收入处以 1 倍以上 5 倍以下的罚款。

（4）涉及刑法规定及风险分析

《刑法》第五章侵犯财产罪第二百七十二条规定，公司、企业或者其他单位的工作人员，利用职务上的便利，挪用本单位资金归个人使用或者借贷给他人，数额较大、超过三个月未还的，或者虽未超过三个月，但数额较大、进行营利活动的，或者进行非法活动的，处三年以下有期徒刑或者拘役；挪用本单位资金数额巨大的，或者数额较大不退还的，处三年以上十年以下有期徒刑。《关于办理违反公司法受贿、侵出、挪用等刑事案件适用法律若干问题的解释》规定，挪用本单位资金一万元至三万元以上的，为数额较大。《最高人民法院关于如何理解刑法第二百七十二条规定的"挪用本单位资金归个人使用或者借贷给他人"问题的批复》（最高人民法院审判委员会第 1121 次会议）规定，公司、企业或者其他单位的非国家工作人员，利用职务上的便利，挪用本单位资金归本人或者其他自然人使用，或者挪用人以个人名义将所挪用的资金借给其他自然人和单位，构成犯罪的，应当依照刑法第二百七十二条第一款的规定定罪处罚。由此可知：

该公司三位股东挪用本单位资金归个人使用，数额较大、超过三个月未还的，数额较大、进行营利活动或非法活动的，会受到刑事处罚，处三年以上十年以下有期徒刑。

综合上述规定可知：企业借款给股东，无论从税法还是工商管理和金融法规的角度，甚至是刑法的角度，都有重大的风险，企业很可能要承担行政责任和刑事责任。因此每个企业在经营过程中，必须要遵纪守法，避免不必要的风险，其根本对策就是要加强涉税制度的建设。

（三）制度完善修订分析

由以上分析可知：涉税制度设计是一个复杂高难度的系统工程，尽管案例二《职工借款管理制度》是一个较为完善的财务制度，但从税收管控角度分析它仍然存在欠缺。企业应从以下三方面加以完善：一是制度的表达方式上应尽可能的流程化、表格化；二是财务制度要充分考虑税收因数，嵌入税收元素；三是制度不仅要规定该什么做，不该什么做，还要应尽可能考虑违反规定的处罚条款。

1.8.2 流程图范本

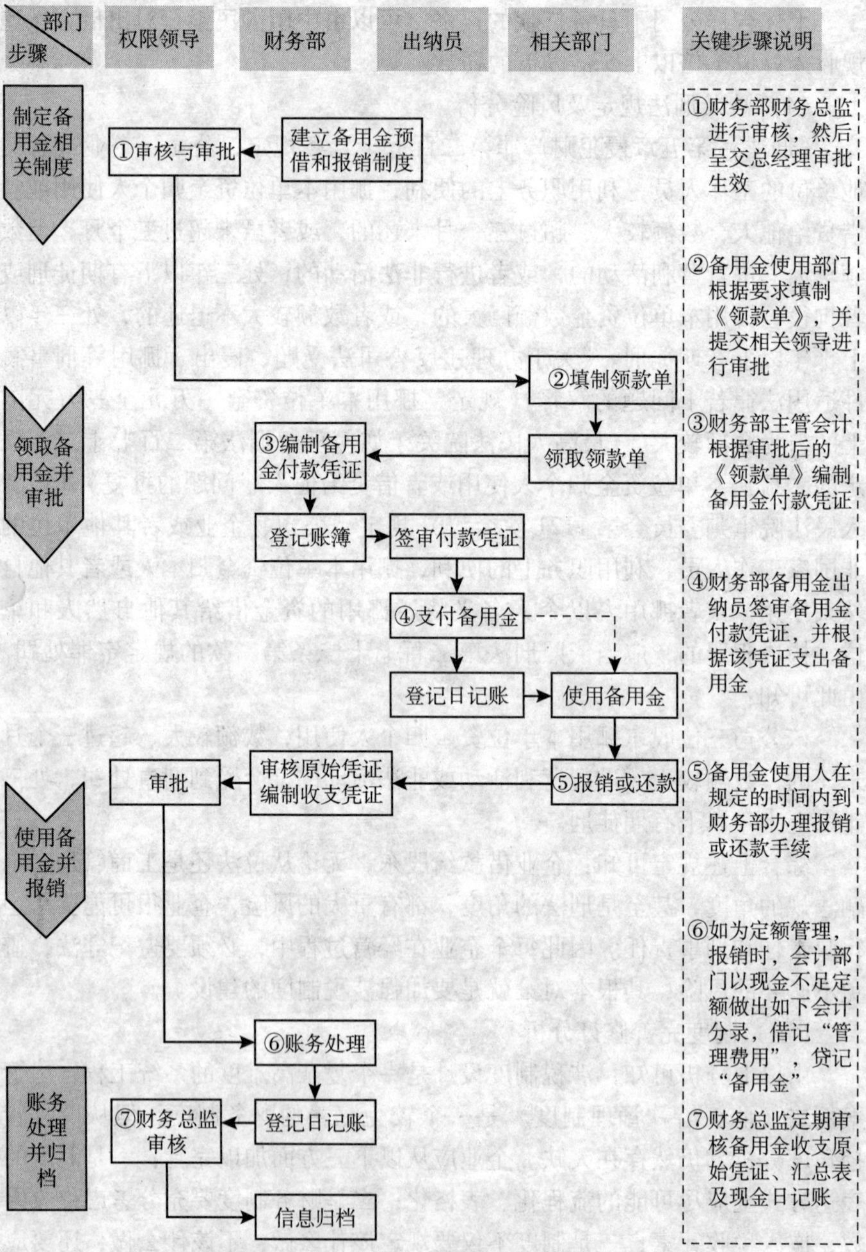

图 1－1 备用金借款流程图

国瑞鼎泰温馨提示：

1. 企业管理从管人的角度划分有三个境界：即人管人、制度管人、文化管人。中国的企业普遍步入制度管人的时代。

2. 企业也普遍建立较为健全的财务制度、管理制度。唯独涉税管理制度成为企业制度建设中的一大盲区。

3. 如预算管理制度，许多企业预算制度中没有关于税收的规划，费用预算支出中没有税收支付项的考量。可以说，制定制度不考虑或忽略涉税风险控制条款的企业比比皆是。

4. 涉税制度即是企业与税收有关的制度，涉税制度建设包括两大方面：一是完善型的，在现有财务制度和其他管理制度嵌入税收风险控制的元素；二是建设型的，从无到有，创设以遵从税法并能降低税负提升税务价值为目标的新制度。如税务经理的职责制度、企业税法宣传制度、票据管理制度、企业所得税台账制度、涉税争议调处解决制度、企业税务文化制度等。

5. 涉税制度的设计应遵循流程化、数据化和表格化的理念，坚持前瞻性、协调性等原则，设计方式可以采取自行设计、委托设计和联合设计，国瑞鼎泰税务经理提倡同行业联合设计。

第 2 章

方法篇

本章讲述企业涉税制度设计主要方法包括税收负担度量与纳税测算法、税负估算的数理方法、税收策划法、税收安全策略嵌入法、财务指标和比率预警法等，通过若干代表性的典型示例分析，进一步阐述涉税制度设计方法的具体应用内容和注意事项。

2.1 税收负担度量与纳税测算法

在美国财经杂志《福布斯》公布的税负排行榜上，中国人的“税负痛苦指数”2005 年与 2009 年间两度在全世界排名第二，仅次于法国。其计算口径和方法不一定正确，但企业在一定时期实现的财务成果是一定的，国家多收，企业就少得，企业多留，则国家就少拿。降低税负是纳税人永恒的诉求。

自税务机关实施纳税评估以来，税负率成了财务人员最熟悉的词汇，税务机关经常会对企业提出税负率的质疑，税负率与企业纳税之间有什么关系？企业的税负率处于什么水平才是合理的？如何正确评价分析企业的税负率？税收负担度量与测算就成为涉税制度设计的一种主要方法。本章以大量的案例和统计数据，为企业财务人员掌握税负率的评估和分析方法提供辅导与培训。

2.1.1 税负率的内涵及企业税负的计算方法

2.1.1.1 税负率的内涵

税收负担，简称“税负”，是指国家通过法律规定要求纳税人承担的税款数额。它是纳税人因履行纳税义务而承受的一种经济负担。一般表明纳税人或征税对象对于国家课税的承受状况，反映国家和纳税人在社会资源或财富分配上量的关系。国家征税的多少决定纳税人对社会资源或财富占有的份额。用相对数表示，是税额占税基数量的比重，即税收负担率。用绝对数表示，是税收负担额。从不同的考虑角度和层次看，税收负担分为社会总税负和纳税人个别税负；名义税负和实际税负；直接税负和间接税负等。税收负担具体体现国家的税收政策，是税收的核心和灵魂，它直接关系着社会利益的分配格局，是发挥税收经济杠杆作用的着力点。国家征税多，纳税人占有和支配的就少；国家征税少，纳税人占有和支配的就多。这“一多一少”表示国家收入的多少和人民负担的轻重，它是几千年来未能解决的税收矛盾，是国家和人民最为关心的问题。税收负担是税收制度的核心。在社会主义现代化建设的今天，它仍然是我们需要研究和解决的重要课题。

2.1.1.2　企业税负的计算方法

企业税负是指税收与税基的比例关系。

如：增值税税收负担率 = 本期累计应纳税额/本期累计应税销售额 × 100%

企业所得税税收负担率 = 应纳所得税额 ÷ 利润总额 × 100%

资源税税收负担率 = 应纳税额 ÷ 主营业务收入（产品销售收入）× 100%

印花税税收负担率 =（应纳税额 ÷ 计税收入）× 100%

分析企业税负的高低通常有两种比较方法。

一是与历史同期比较；二是与同行业比较。

用公式表示如下：税负差异率 = [税收负担率 - 行业平均税负率（或上年同期税负率）]/行业平均税负率（或上年同期税负率）× 100%

无论是与历史同期比较，还是与同行业比较，应当注意剔除不可比因素。通过税负比较，分析税负增减变化的原因，采取有效措施，加强税收风险管理。

【案例2-1】甲企业百万元销售收入纳税5万元，税负5%；乙企业百万元销售收入纳税4万元，税负4%；丙企业百万元销售收入纳税3万元，税负3%。现在三个企业各缴纳了1万元的税款，问平均税负是多少？

$$\bar{X} = \frac{n}{\sum \frac{1}{X}} = \frac{3}{\frac{1}{5\%} + \frac{1}{4\%} + \frac{1}{3\%}} = \frac{3}{78.3} = 3.8\%$$

分子3代表三万元税款，分母78.3代表三个企业的总销售收入78.3万元，三个企业平均销售收入税收负担率为3.8%。

【案例2-2】明晰广告公司将其位于市中心的一套原值为150000元的门面房出租给五鑫公司，按照协议规定，年租金收入30000元。按照现行税法规定，其税负率是多少？

计算过程如下：

（1）应纳营业税 = 30000 × 5% = 1500（元）

（2）应纳城市维护建设税及教育费附加 = 1500 ×（7% + 3%）= 150（元）

（3）应纳印花税 = 30000 × 0.1% = 30（元）

（4）应纳房产税 = 30000 × 12% = 3600（元）

（5）应纳企业所得税 = [30000 -（1500 + 150 + 30 + 3600）] × 25% = 6180（元）

（6）应纳税总额 = 1500 + 150 + 30 + 3600 + 6180 = 11460（元）

（7）实际税后收益 = 30000 - 11460 = 18540（元）

（8）税负率 = 18540/30000 = 38.2%

通过计算不难看出，出租房屋不仅缴纳的税种多，而且税负率也高得惊人。那么，明晰广告公司应当如何筹划才能降低税负呢？（请见 2.1.4 节影响税收负担的因素分析）

【案例 2 - 3】某企业 6 月暂认定为一般纳税人，现在正在申请三个行政许可，要求提供一份全年增值税税负率，该企业每月的产值是 97 万元，全年为 1164 万元。假定实现销售收入占全部产量即产值的 90%，主要原材料占现价商品产值或销售收入的比率假定为 80%，耗用的这些主要原材料都是当前购进的，都取得了进项专业发票。假设消耗的辅助材料、低值易耗品、水电费、运费等直接取得进项税额 5 万元。请计算增值税税负率为多少？

（1）首先每月的产值为 97 万元，全年为 1164 万元。产值尤其是现价产值是指工业企业在一定时期内（月、季、年）生产的产品用货币表示的价值总量。在现行制度下，这些产品有三个去处：一是当月实现的销售，指开发票实现的销售收入；二是在托收承付结算方式下的发出商品；三是库存商品。假定实现销售收入占全部产量即产值的 90%，即销售收入为 1048 万元（1164 × 90%），销项税额为 152.3 万元（1048 × 1.17 + 17%）。

（2）其次主要原材料占现价商品产值或销售收入的比率假定为 80%，耗用的这些主要原材料都是当前购进的，都取得了进项专业发票。所以主要原材料消耗为 838 万元（1048 × 80%），进项税额为 121.8 万元（838/1.17 × 17%）。

（3）假设消耗的辅助材料、低值易耗品、水电费、运费等直接取得进项税额 5 万元。

（4）应交增值税 = 152.3 - 121.8 - 5 = 25.5（万元）

（5）计算增值税税负 = 25.5/1048 × 100% = 2.43%

2.1.2 税负估算的数理方法

2.1.2.1 税负率分析模型

(1) 企业与行业税负率模型

$$税负率 = \frac{\sum 当期应纳税额}{\sum 当期按适用税率征税货物与劳务销售额} \times 100\%$$

主体指标，主要包括应税销售收入、应纳税额等指标。辅助指标，主要包括免、抵、退办法出口货物销售额、免抵退货物应免抵额、免抵退货物应退税额、销项税额、进项税额、进项税额转出、期初留抵税额、期末留抵税额、各类进项抵扣税额结构情况等指标。财务指标，主要包括期初、期末存货等指标。

如造纸行业主体指标是用来衡量企业税负率与造纸及纸制品行业大类、小类税负率及其差异情况，辅助指标是用来衡量税收政策和构成税负的各项要素变动对企业税负的影响程度，财务指标用来衡量企业税负变动的内在财务因素。

对税负疑点企业进行深入分析。通过辅助指标和财务指标进一步分析税负疑点的具体特征，确定疑点方向。对涉及进项税额的疑点问题，针对造纸行业"农产品收购凭证与普通发票、废旧物资发票、运费发票、海关完税凭证"等"四小票"用量较大的实际情况，依托票表比对系统、增值税其他抵扣凭证审核检查系统，深入查证有无虚开、虚抵"四小票"问题；对涉及销项税额的疑点问题，应侧重查证有无账外经营、瞒报、迟报计税销售额、混淆征免界限等问题。

(2) 税负率与增值率分析模型

税负率与增值率模型

$$税负率 = \frac{当期销售额 \times 销项平均税率 - 当期进项抵扣项目金额 \times 进项平均税率}{当期销售额} \times 100\%$$

$$= 销项平均税率 - 进项平均税率 \times \frac{当期进项抵扣项目金额}{当期销售额} \times 100\%$$

$$= 销项平均税率 - 进项平均税率 \times (1 - 销售增值率)$$

$$= (销项平均税率 - 进项平均税率) + 进项平均税率 \times 销售增值率$$

①$$销项平均税率 = \frac{\sum 当期销售额 \times 销项税率}{\sum 当期销售额} \times 100\%$$

$$②进项平均税率 = \frac{\sum 当期进项抵扣项目金额 \times 进项税率}{\sum 当期进项抵扣项目金额} \times 100\%$$

$$③销售增值率 = \frac{当期销售增值额}{当期销售额} \times 100\%$$

销售增值额 = 当期销售额 - 当期进项抵扣项目金额 ± $\sum$ 存货增减额 × 存货成本抵扣项目比率

销售增值额 = 当期销售额 - 当期进项抵扣项目金额（理论值，适用于当期进销完全平衡状态）或：

销售增值额 = 增加值（工资 + 折旧 + 税金 + 营业利润）+ 其他非进项抵扣项目费用金额

$$存货成本抵扣项目比率 = \frac{某类存货成本包含的抵扣项目金额}{该类存货成本总额} \times 100\%$$

$$存货增减额影响税负率 = \frac{\sum 存货增减额 \times 存货成本抵扣项目比率 \times 进项税率}{当期销售额}$$

分析造纸行业税负率的特征。通过对税负率计算公式进行相对数换算，可以直观地看到影响税负率的因素，主要有销项税率、进项税率、销售增值率等因素。一般纳税人增值税税负率与销售增值率成正比例关系；销项税率与进项税率的差异情况也直接制约着税负率水平。造纸行业税负率的规律性特征，在于进项平均税率低于销项税率，形成政策性较高税负。造纸及纸制品业在未兼营其他产品的情况下，其销项税率为 17% 的单一税率；但进项税率比较复杂，主要有增值税专用发票与海关完税凭证的 17%、13% 税率，农产品 14.94% 的税率（由含税税率 13% 换算），废旧物资发票 11.11% 的税率，（由含税税率 10% 换算），运费发票 7.53% 的税率（由含税税率 7% 换算），以及少量的代开专用发票 6%、4% 的税率（现行为 3%）等。

以农产品为主要原材料的造纸企业进项平均税率低于销项税率 1 个百分点左右，以废纸为主要原材料的造纸企业进项平均税率低于销项税率 3 个百分点左右。加之造纸行业属于资金密集型与技术密集型行业，生产工艺比较复杂，销售增值水平较高。因此，造纸行业的税负率水平应当较高。

2.1.2.2　工业增加值审计模型

（1）应纳税额与工业增加值弹性模型

$$应纳税额与工业增加值弹性系数 = \frac{应纳税额增长率}{工业增加值增长率}$$

$$应纳税额增长率=\frac{当期应纳税额-基期应纳税额}{基期应纳税额}\times100\%$$

$$工业增加值增长率=\frac{当期工业增加值-基期工业增加值}{基期工业增加值}\times100\%$$

其中：工业增加值是指工资、利润、折旧、税金的合计。一般情况下，应纳税额与工业增加值弹性系数为1，对弹性系数<1的，可根据造纸行业一定时期的发展状况，确定一定区间作为预警值。弹性系数小于预警值，则企业可能有少缴税金的问题。应通过其他相关纳税指标与方法，并结合纳税人生产经营的实际情况进一步分析，对其申报真实性进行审计。

（2）工业增加值税负模型

工业增加值税负差异率=(本企业工业增加值税负÷同行业工业增加值税负)×100%。其中：

本企业工业增加值税负=本企业应纳税额÷本企业工业增加值

同行业工业增加值税负=同行业应纳税额总额÷同行业工业增加值

应用该指标分析本企业工业增加值税负与同行业工业增加值税负的差异，如低于同行业工业增加值平均税负，则企业可能存在隐瞒收入、少缴税款等问题，结合其他相关指标和方法进一步分析，对其申报真实性进行审查。

2.1.3 企业税收负担率的测算分析

2.1.3.1 企业税收负担率的测算分析

税负率差异幅度=[企业税负率-本地区同行业平均税负率(或上年同期税负率)]÷本地区同行业平均税负率(或上年同期税负率)×100%

将测算的企业税负率与上年同期、同行业平均税负率相比，如税负率差异幅度低于-30%，则该企业申报异常。

2.1.3.2 企业销售额变动率的测算分析

当月应税销售额变动率=(当月应税销售额-上月应税销售额)÷上月应税销售额×100%

累计应税销售额变动率=(本期累计应税销售额-上年同期应税销售额)÷上年同期应税销售额×100%

累计应税销售额变动率或当月应税销售额变动率超过50%或低于-50%，应将应税销售额和应纳税额进行配比分析，以确定该企业申报是否异常。

2.1.3.3 企业销售成本变动率与销售额变动率的配比分析

销售成本变动率=(本期累计销售成本-上年同期累计销售成本)÷上年同期累计销售成本×100%

销售额变动率 =（本期累计销售额 - 上年同期累计销售额）÷ 上年同期累计销售额 ×100%

企业销售成本变动率与销售额变动率的差异额 = 销售成本变动率 - 销售额变动率

如果企业销售成本变动率与销售额变动率的差异幅度超过各地设定的正常峰值，该企业申报异常。

2.1.3.4 企业零负申报异常情况分析（考虑留抵税额增长比例）

2.1.3.5 进项税额构成比例分析

进项税额构成比例 = 当期非增值税专用发票抵扣凭证抵扣进项税额 ÷ 当期抵扣的全部进项税额 ×100%

利用上述公式测算的结果如果连续两个月大于 60%（特殊行业除外），该企业申报异常。

2.1.3.6 增值税专用发票开具金额变化分析

专用发票开具金额变动率 = 当期申报的专用发票开具金额 ÷ 上期申报的专用发票开具金额 ×100%

利用上述公式测算的结果如果大于 1.5 或小于 0.5，该企业申报异常。

对小规模纳税人来说，税负率就是征收率：商业 4%，工业 6%，而对一般纳税人来说，由于可以抵扣进项税额，税负率就不是 17% 或 13%，而是远远低于该比例，具体计算公式为：

税负率 = 当期应纳增值税/当期应税销售收入

当期应纳增值税 = 当期销项税额 - 实际抵扣进项税额

实际抵扣进项税额 = 期初留抵进项税额 + 本期进项税额 - 进项转出 - 出口退税 - 期末留抵进项税额

[注意] ①对实行“免抵退”的生产企业而言，应纳增值税包括了出口抵减内销产品应纳税额

②通常情况下，当期应纳增值税 = 应纳增值税明细账“转出未交增值税”累计数 + “出口抵减内销产品应纳税额”累计数

为了便于理解，必须将税负率的计算公式进行一下转化，主要针对当期实际入库增值税税款的变化：

销售成本 = 本期存货增加 + 期初库存 - 期末库存

本期存货增加 = 销售成本 -（期初库存 - 期末库存）

本期实际纳税 = 销项税额 - 进项税额

= 本期销项税额 - 本期进项税额 - 上期留抵

= 本期销售收入 × 17% - 本期存货增加 × 17% - 杂项抵扣 - 上期留抵

= 本期销售收入 × 17% - [销售成本 - (期初库存 - 期末库存)] × 17% - 杂项抵扣 - 上期留抵

= 本期销售毛利 × 17% + (期初库存 - 期末库存) × 17% - 杂项抵扣 - 上期留抵

其中杂项抵扣主要指运费抵扣、低值易耗品抵扣、劳保用品抵扣等，评估过程中，企业面对的问题一般都会是税负率差异，特别是税负率低，如何来理解呢?

(1) 税负异常是必然的

由于目前税负率同比同行业税负率是通过全国重点税源户管理系统的数据采集而来的，同时由于采集计算需要一个过程，所以在时间上有一定的滞后，由于对比的企业在行业的地位和时间滞后，所以比较有一定的狭隘性，结合企业在市场中的地位，企业经营的规模，产品差异性等情况的存在，各企业存在天然的税负差异性，也就是税负率差异是必然的，同时由于市场会出现波动，所以税负率在周期上有一定的波动，也就是税负存在周期性的变化。

(2) 税负正确与否其基础是会计核算正确

税负计算是依据会计资料，由于借贷记账方法的核算优势，企业的税负计算都是正确的，除非其会计核算错误，税负低的情况一定能够通过检查会计资料找到理由。

通过上面的分析我们得出结论，纯粹的税负率比较低都是正常的，是不是税负率一点用处没有呢? 如果仅靠税负率的评价，确实无法进行认定，有效的纳税评估必须结合企业的其他资料，如会计核算资料进行判断。这里又提到了税负率的计算基础，即会计核算资料，所以会计核算资料的正确性，成为泄露天机的重要突破口。

通过一定的模式、分析方法，可以对企业真实的经营情况进行认定，从而对税负低的背后真实经营情况有一定的判断，由于评估的职能局限性，一般主要采取以下两个方面进行:

一方面通过对包括会计报表，审计报告等会计报告资料分析，另一方面税务人员会结合询问，采用倒算的模式对企业的纳税情况进行判断，即以支定收的模式，比如从不涉及抵扣支出项目出发，包括房租、人员工资、招待费用等，这些项目必须以毛利进行补偿，而毛利直接关系到当期税收。

通过上面的分析，企业如果要真正面对纳税评估关键税负的评价，必须加强会计核算，人为的税负率控制，反而是欲盖弥彰。

2.1.4 影响税收负担的因素分析

从政府征税的角度考量，即宏观税负。影响宏观税收负担的因素主要有三类：

一是经济因素。包括社会经济发展水平，如生产规模、增长速度、经济效益与人均国民收入等；国家与企业的分配体制；国家的财政政策和收支状况等。

二是税制因素。包括税率的高低、计税依据的确定、减税与免税、加成与加倍征收等规定。

三是其他因素。包括征收管理水平、纳税人的守法程度等。税收负担最终取决于国家需要的财政资金数量与经济发展水平所决定的承受能力。

从企业的角度考量，即微观税负，微观税收负担则是针对某纳税人、某税种，或者某项业务的应纳税收与其税基的比例关系。影响微观税收负担的因素主要有四个：经营状况、税收政策、纳税遵从、税收筹划等因素，是多因素综合作用的结果。

可以看出，一家企业的税收负担受到产品结构、管理效益、税收政策和纳税遵从等较多因素的影响。对企业而言，经营者关心的是整体税负，因为企业整体税负与企业盈利此消彼长。马克思把商品价值构成用公式表示为：$W = C + V + M$。在这个公式中，W 代表商品（或产品）的价值；C 代表生产过程中消耗掉的各种生产资料的转移价值（包括原材料、辅助材料、燃料等劳动对象以及厂房、机器、设备等劳动手段磨损部分的价值，也就是物化劳动的转移价值）；V 代表劳动者为个人需要所创造的必要产品的价值（相当于以工资形式支付给劳动者的劳动报酬），也就是生产过程中或劳动耗费所创造的价值；M 代表劳动者为社会需要所创造的价值，也就是社会纯收入，或企业盈利。这个公式在企业家看来是不适用的，起码对微观企业不适用，因为它忽略了国家税收和股东投入资本承担风险的必要回报。如果 C 代表与本期收入相关的物耗、水电费、利息等；V 代表向本企业职工以及其他单位或个人提供劳务、技术支付的报酬；T 代表本期应纳的各项税收；W 代表公司提供商品或劳务的含税价格；M 代表企业的税后利润（股东权益），不考虑企业的其他利得（投资收益、营业外收入），调整后的公式如下：$W = C + V + T + M$。商品的价格（W）是受市场供求关系决定的，而 C、V、T 都是企业必须要支付的成本，因此企业的盈利（或亏损）只能由 W、C、V、T 四个因素决定。即：$M = W -$

（C+V+T）为了提高企业的盈利水平，企业应当不断加强技术研发，降低物耗，提高产品和服务质量，扩大销售网络，提高产品市场占用率；通过兼并重组，强强联合、优势互补，减少恶性竞争，实现合作共赢；通过实施品牌战略，创造终端价格（带名牌的价格）等一系列管理措施来提高企业的竞争力。

企业税收负担是经营状况、税收政策、纳税遵从、税收筹划等因素综合作用的结果，因此，企业应当通过对本企业税负与历史同期及同行业税负比较，剔除税收政策影响因素，分析税负差异的原因，进一步提高纳税遵从度，改善经营状况，优化纳税方案，使公司税负趋于合理，同时防范纳税风险。

2.1.4.1　经营状况

（1）增值税税负分析

通常情况下，不同行业的增值税税负不同，例如采掘业、制药业的税负要远远高于商品零售企业，但就同行业而言，税负差异率很小。同行业税负差异率大的主要原因在于企业的管理水平，经营状况好的企业增值税税负率通常会高于同行业。由于“价外税”的特有属性，增值税税负高，反映了企业的毛利率也高。例如，企业通过改善生产工艺，提高产品合格率，就会减少原材料、燃料、动力能耗，生产同样数量的产品，发生的进项税额和耗用的原材料就会降低；同样，受品牌效应影响，产品的价格会高于市场同类产品，与同行相比，销售同样数量的产品，其收入和销项税都会增大。例如，浙江新和成股份有限公司（股票代号002001）主营产品维生素E（化学药品原料药）在国际市场具有绝对竞争优势，2008年度销售收入202103.96万元，而主营业务成本只有45383.6万元，营业利润156720.36万元，毛利率高达77.54%。该公司当年增值税税负跃居同行业前列。此外，由于增值税采取购进扣税法，期末原材料库存与期初库存的差额如果与历史同期存在差异，必然产生税负差异率，而实现“零库存”的企业，虽然纳税时间提前，但由于减少了资金结压，可以节约更多的财务费用。

（2）消费税税负分析

由于消费税采取从价、从量或从价兼从量计征方式，因此经营状况通常只会影响消费税绝对额，并不影响税负比率，但对于外购或委托加工的已税消费品用于连续生产应税消费品允许抵扣已纳消费税的企业来说，如果税负低于同行业，可能是产品合格率偏低所致。

（3）营业税税负分析

由于营业税的税基是指销售不动产、转让无形资产或者提供应税劳务的收入额，因此，营业税税负一般不受经营状况的影响，但对于以“差额”作为税基的企业来说，如果税负低于同行业或者历史同期水平，则意味着毛利率水平低于同行业或历史同期水平。例如，旅游企业以旅游收入扣除为旅游者支付的交通、餐饮、住宿、门票等成本作为营业税税基，如果收费低，成本高，会导致税负偏低。企业需要通过加强经营管理，提高税负，增加盈利。

（4）企业所得税税负分析

企业的经营状况对所得税税负的影响是不言而喻的。经营状况对流转税税负的影响也同时作用于企业所得税，但应考虑投资收益和营业外收支。无论是与历史同期相比，还是与同行业相比，任何利得或损失都应作为不可比因素对待。例如，甲公司 2009 年度营业利润为零。甲公司持有 M 公司 30% 的股权，采用权益法核算该项投资，年末根据被投资方实现的净利润确认投资收益 300 万元，营业外收支为零。甲公司当年会计利润总额为 300 万元，但投资收益不征企业所得税，应纳税所得额为零。企业所得税税收负担率 = 应纳所得税额 ÷ 利润总额 × 100% = 0，这样的税收负担率是没有意义的。甲公司在分析企业所得税税负时，应将上式中的利润总额调整为“应纳税的利润总额为 0。”又如，乙公司 2009 年度营业利润为 300 万元，本年度发生公益性捐赠 1000 万元，会计利润总额为：－700 万元。根据税法规定，亏损企业发生的公益性捐赠不得税前扣除，应纳企业所得税 = 300 × 25% = 75（万元）。企业所得税税收负担率 = 应纳所得税额 ÷ 利润总额 × 100% = 750/(－700) = －107.14%，企业应当在盈利较好的年度多捐赠，在微利或亏损的年度即使有再好的现金流也应控制捐赠额度，降低税收成本，增强发展的后劲，永续回报社会。

2.1.4.2 税收政策

税收政策直接影响企业税负。一般而言，税收政策调整会导致企业税负与历史同期相比存在差异率，比如《增值税暂行条例》规定，从 2009 年 1 月 1 日起，固定资产的进项税允许抵扣。这一规定使得当年购进固定资产的企业税负低于历史同期水平，又如《关于金属矿、非金属矿采选产品增值税税率的通知》（财税〔2008〕171 号）规定，从 2009 年 1 月 1 日起，金属矿采选产品、非金属矿采选产品增值税税率由 13% 恢复到 17%。这一规定又使金属矿采选产品、非金属矿采选产品增值税税负高于历史同期水平。税收优惠会导致同行业税负存在较大差异。例如，同样是机械生产企业，企业所得税基本税率为 25%，而高新技术企业适用企业所得税税率为 15%。这一规定，使得高新技术企业所得税税负低于非高新技术企业。基于税收政策对企业税负的影响，纳税人应关注税收政策导向，争取税收优惠，降低成本。

2.1.4.3　纳税遵从

纳税遵从对税负的影响表现在以下方面：

（1）我国税制复杂，且政策调整频繁，纳税人应及时关注税收政策变化，并从立法宗旨、出台背景、执行时间、新旧政策衔接、税法与会计差异等方面吃透政策精神，正确履行纳税义务，反之就会错申报、少申报，导致税负不合理。

（2）纳税管理薄弱，人为放弃权益，导致多缴税款。例如，增值税进项税额未在规定的期限内认证，导致多缴增值税；财产损失、税收优惠未按主管税务机关的要求在规定的期限内审批或备案，导致多缴企业所得税；又如，企业购买工程物资取得增值税普通发票，结余物资转售时需缴纳销项税，而进项税得不到抵扣。增值税实行“购进扣税法”，纳税人购买工程物资也应取得增值税专用发票并抵扣进项税额，按照在建工程实际领用的工程物资金额计算进项税额转出，就可以避免进项税损失。

（3）存在侥幸心理，故意偷逃税收。纳税人主观故意的偷逃税收主要是存在侥幸心理：本企业经营规模小，税务机关人手少，不会被检查；作假水平高，税务机关历次检查都未被查出；如果被检查出，找人说情，通过关系“摆平”。侥幸心理的存在，给企业埋下了巨大的税收风险。基于纳税遵从对税负的影响，纳税人应正确认识企业安全的重要性，增强“健康长寿”的发展理念，树立企业家的责任感，不断地规范企业纳税行为，为企业做大做强夯实基础。

2.1.5　典型案例

【案例 2－4】2009 年国家税务总局下发《进一步加强税收征管若干具体措施》（国税发〔2009〕114 号）的通知，海南省某大型企业按当地税务机关的通知要求开展自查工作，递交“无问题”结论的自查报告，半个月后国家税务总局督查小组来到海南组织督查工作，通过以下报表的简单数据进行计税关系与财务数据联系的逻辑分析，便发现企业偷逃增值税的疑点和问题。

计税关系与财务数据的联系

项目数据	金额（万元）	
增值税	775	
计税增值空间		4558.824
折旧	300	
工资	484	
税及附加	69.7	
期间费用	1036	
差额	2669.124	
申报利润	513	
弥补亏损	529	

问：这样的逻辑关系的报表企业敢不敢送交税务局？

答：资产=负债+所有者权益(实收资本+公益金+未分配利润)或资产=负债+资本+(收入-成本-税金)。不同财务报表之间、同一财务报表的不同项目之间，财务报表与纳税申报表之间都存在着方方面面的钩稽关系，企业一旦做假账，很难从报表上做到滴水不漏。税务人员通过报表反映的增值税775万元数据除以17%倒推计税增值空间4558.824万元，而后根据［折旧+工资+税及附加+(申报利润+弥补亏损)］（工业增加值的原理）进行逻辑核对，暴露出企业尚有2669.124万元的差额不能自圆其说，要求企业进一步自查补税。

【案例2-5】

关于企业存货税金和实际税收负担率的测算

企业的存货核算正确与否不仅直接影响到企业流动资产和成本的核算，而且直接关系到增值税税收负担率的测算和企业所得税的征收。

（一）企业存货及其已抵扣进项税金的测算

所谓存货是指企业在生产经营过程中为销售或耗用而储备的各种物资。资产负债表中的存货栏目，应反映企业期末在库、在途和正在加工中的各项存货的实际成本，包括原材料、包装物、低值易耗品、半成品、产成品、分期收款发出商品等。存货主要来自外购、自制、委托加工、接受投资、接受捐赠等途径。

企业在存货核算中经常出现的问题有：

（1）会计科目应用错误。如企业接受外来原材料加工制造的代制品和为外单位加工修理的代修品，制造或修理完工验收入库后，应视同企业的产成品核算其收入和支出，而不能列其他科目核算。可以降价出售的不合格产品，应在产成品科目核算，只是与合格产品分开记账，但不能放在“待处理财产损溢”科目核算。对已完成销售手续，但购买方尚未提取的产成品，应作代管品处理，单独设置代管品备查簿，不放在产成品科目核算。对于实行分期收款的发出商品，因其尚未完成销售手续进行申报纳税，故仍列存货中核算。在以上诸类情况的会计处理上，常常因为认识上的误区，而导致科目应用错误，存货核算失实。

(2) 任意结转成本。有些企业为了应付税务检查或增值税一般纳税人年检，提高税收负担率，往往少转成本，虚增存货。但为了偷逃所得税，减少利润总额，或为了办理注销税务登记手续，又往往虚增成本，少列存货，甚至把存货全部转光。此类情况屡见不鲜，实属明知故犯，恶意而为。

税务机关在纳税评估、管理性检查，或者审核企业申报资料时，常用以下恒等式检验其存货正确与否：

期末存货 = 期初存货 + 当期增加数 - 当期转出数

在运用这个等式时应正确把握各项的内涵。

(1) 等式中的期初存货是由上期期末存货结转而来。该笔存货数正确与否可运用此等式采用逐月溯推法加以验证。即检验当月期初存货就是计算上月期末存货；检验上月期初存货就是计算再上月期末存货，依此类推。如有一个月出现差错，以后各月就会出现连锁差错，需要逐月加以调整。

(2) 当期增加数主要包括当期采购，接受投资、接受捐赠等。当期采购数包括取得增值税专用发票、普通发票以及未取得发票的外购材料，主要有原辅材料、包装物、低值易耗品、半成品等。企业会计准则规定，各种存货应当按取得时的实际成本核算，即包括买价、运杂费、途中合理损耗、入库前整理挑选费等。材料发出时，可视实际情况，采用先进先出法、加权平均法、移动平均法、后进先出法、个别计价法等方法确定其实际成本。但计价方法一经选定，年内不得随意变动，以确保其核算的连贯性、一致性。

(3) 工业企业存货的流向主要有三条渠道：一是生产产品所耗用；二是其他业务收入中的原材料销售；三是损益。因此，当期转出数应包含以下三个科目的内容：一是主营业务成本。它又包含产品销售成本中的直接材料、直接工资和制造费用，以及工业性加工成本。二是其他业务支出。该科目核算企业除产品销售以外的其他销售或者其他非工业性劳务所发生的支出。发生时，其会计分录为：借：其他业务支出，贷：原材料、包装物、生产成本、应付工资等。可见，该科目直接影响到企业存货的变化，在平时清查存货时，务必引起重视。三是待处理财产损溢。企业存货当月转出数不外乎在上述三个会计科目中反映。

增值税暂行条例规定，增值税一般纳税人购进货物或者接受应税劳务，所支付或负担的进项税额凭有效扣税凭证准予抵扣。那么如何计算存货中已抵扣的进项税额呢？从理论上讲，存货已抵扣进项税额等于存货中的产成品、原材料、包装物、低值易耗品等已抵扣进项税额之和。但是，由于企业存货的种类较多，购进时间有先有后，购进情况又不尽相同，有的开专用发票，有的开普通发票，还有少数不开发票的，因而有的有进项抵扣，有的则没有。要准确剥离划分既麻烦又难操作，我们推导出以下计算公式比较简便科学，税企双方都能接受。

$$\text{期末存货已抵扣进项税额} = \text{期末存货总额} \times \frac{\text{期末已抵扣进项税额总额}}{\text{期末实际增加总额}} \tag{A}$$

公式（A）中的期末实际增加总额含实际采购、接受投资、捐赠等。它既包括准予抵扣进项税额的，也包括不予抵扣或没有进项税的货物。用这种加权平均法计算存货已抵扣进项税额，既方便又比较合理。

（二）增值税实际税收负担率的测算

实际税收负担率是进行纳税评估和税收稽查的一个重要参数。我们发现不少人把某个时间或区间的应缴税金与销售额之比当作税收负担率，这是不正确的。因为按上述方法求得的百分数是征收率，而不是实际税收负担率。测算实际税收负担率必然牵涉到存货中已抵扣的进项税额，因为现行增值税暂行条例规定，外购货物的进项税额允许一次性抵扣，而外购货物往往一部分已用于销售的产品中，一部分仍在存货中。测算某个时间区间的实际税收负担率应考虑在这一时间区间已作销售的产品的进项税额，而不是进项税额总额。如果我们把时间区间定为一个纳税年度，且没有原材料销售和非正常损失，则该年度的实际税收负担率可以通过公式（B）测算：

$$\text{年度实际税收负担率} = \frac{\text{年销项税额} - \text{年销售货物已抵扣进项税额}}{\text{年销售总额}} \times 100\%$$

$$= \frac{\text{年销项税额} - (\text{年进项税总额} - \text{年末存货已抵扣进项税额})}{\text{年销售总额}} \times 100\%$$

$$= \frac{\text{年应缴税额} + \text{年末存货已抵扣进项税额}}{\text{年销售总额}} \times 100\% \tag{B}$$

根据公式（B）可以得出以下两个结论：

(1) 企业实际税收负担率与销售额、应缴税金和存货这三个参数密切相关。现以某工业企业为例，该企业为增值税一般纳税人，2003 年度销售总额为 1200 万元，应缴增值税 42 万元，年末存货 120 万元，当年外购材料总额 1000 万元，已抵扣进项税额 150 万元，试求该企业 2003 年度实际税收负担率。

先根据公式（A）求年末存货已抵扣进项税额：

$$120 \times \frac{150}{1000} = 18 \text{（万元）}$$

再根据公式（B）求年实际税收负担率：

$$\frac{42+18}{1200} \times 100\% = 5\%$$

(2) 实际税收负担率是一个动态概念，它随着三个参数的变动而变动。就一个企业而言，在一个纳税年度内各月的税收负担率是不尽相同的，仍以该工业企业为例，经测算 2003 年度逐月税收负担率列表并图示如下：

月份	1	2	3	4	5	6	7	8	9	10	11	12	年均
税收负担率（%）	2.5	2.9	4.0	3.8	4.5	5.1	5.5	5.6	6.1	6.3	6.8	6.0	5.0

所得税类

(1) 企业所得税税负分析；(2) 个人所得税代扣代缴税额数量分析。

在经济生活中存在这样一种现象，即纳税义务人并不是税收负担者，纳税人可以通过种种方式来转移税收负担。所谓税负转嫁就是纳税人不实际负担政府课于他们的税收，而通过购入或卖出产品价格的变动，将全部或部分税收转移给他人承担的过程。税负归宿是税收转嫁过程的终点，是指税收负担者无法将其负担再转嫁到其他人身上，而最后由自己来负担的状况。税负归宿理论描述了税收负担的最终分布，研究谁承担了税收的最终负担。

其他税种类

(1) 房产税；(2) 土地增值税；(3) 城镇土地使用税。

【案例 2-6】房地产税负及税收分析

假设房地产每平方米的经营开发成本为 1000 元，地价每平方米 1500 元，每平方米费用 300 元，销售每平方米 5000 元。请计算该企业的税收贡献为多少？房地产行业平均税负为多少？

答：

毛利率：2200÷5000＝44%

应纳的流转税：5000×5%×（1＋7%＋3%）＝275（元）

土地增值税扣除额：（1000＋1500）×（1＋10%＋20%）＋275＝3525（元）

土地增值税增值额：5000－3250－275＝1475（元）

土地增值的增值额占扣除项目比例：1475÷3525＝41.84%

应纳土地增值税额：1475×30%＝442.5（元）

应纳税所得额：5000－1000－1500－300－275－442.5＝1482.5（元）

应纳企业所得税：1482.5×33%＝489.225（元）

企业每平方米净利：1482.5－489.225＝993.275（元）

每平方米税收贡献：275＋442＋489.225＝1206.225（元）

税收占收入的比例：1206.225÷5000＝24.1245%

纯利占收入的比例：993.225÷5000＝19.86%

税收与净利的比例：1206.225÷993.275＝1.2149∶1

税收占毛利的比例：1206.225÷2200＝54.85%

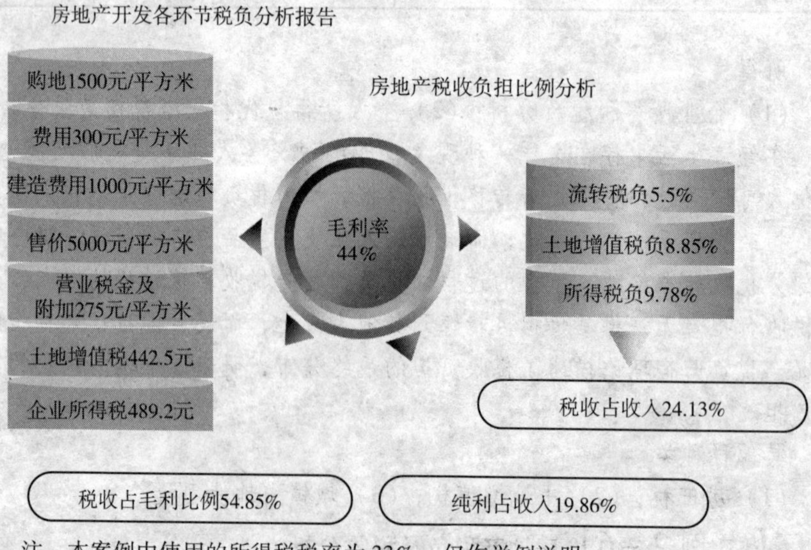

注：本案例中使用的所得税税率为33%，仅作举例说明。

2.2 税收策划法

税收策划，也称税收规划，是指纳税人在符合国家法律及税收法规的前提下，按照税收政策法规的导向，事前选择税收利益最大化的纳税方案处理自己的生产、经营和投资、理财活动的一种企业筹划行为。国家税务总局鼓励企业进行税收筹划。《大企业税收风险管理指引（试行）》（国税发〔2009〕90号）第一章第二条明确指出，税收风险管理的目标包括企业经营决策和日常经营活动应考虑税收因素的影响，在符合税法规定的前提下，开展具有合理商业目的税收规划。税收筹划是财务管理的一项重要工作。税收筹划的直接作用就是降低税负，增强企业发展的后劲，企业发展了才能给国家贡献更多的税收。

税收筹划的原理和方法、企业应纳税额的大小是由企业的生产经营情况决定的。纳税主体、税种、税目、税率、计税依据、税收优惠等决定着应纳税额大小的税收要素是由经营主体、经营方式、经营地点、交易金额等因素决定的，这就是经营决策的税收模式。调整经营模式可以改变应纳税额，这就是税收筹划的原理。

2.2.1 税收策划的具体工具与方法

（1）租赁业务经营模式对税收的影响

方案一：甲公司将一台设备租赁给乙公司，收取租金10万元，乙公司转租给丙公司，收取租金12万元。

甲公司应纳营业税 = 100000 × 5% = 5000（元）

乙公司应纳营业税 = 120000 × 5% = 6000（元）

方案二：甲公司委托乙公司将设备租给丙公司，收取租金12万元，甲公司向乙公司支付手续费2万元。

甲公司应纳营业税 = 120000 × 5% = 6000（元）

乙公司应纳营业税 = 20000 × 5% = 1000（元）

方案三：丙公司委托乙公司承租设备，向甲公司支付佣金10万元，向乙公司支付手续费2万元。

甲公司应纳营业税 = 100000 × 5% = 5000（元）

乙公司应纳营业税 = 20000 × 5% = 1000（元）

（2）投资主体选择对税收的影响

方案一：甲公司由张先生、李先生出资建成。甲公司于2006年出资2000万元成立全资房地产开发子公司M。2009年9月30日，甲公司将持有

M公司100%的股权全部转让给乙公司，转让价6000万元。不考虑其他因素，上述股权转让业务甲公司应纳企业所得税 =（6000 - 2000）×25% = 1000（万元）。如果甲公司将税后利润全部分配给张先生和李先生，仍需缴纳个人所得税 =3000×20% =600（万元）。

方案二：如果M公司由张先生、李先生个人出资，则张先生、李先生将M公司股权转让给乙公司时，只需缴纳个人所得税 =4000×20% = 800（万元）。

通过比较可以看出，不同的经营主体和经营方式决定着应纳税额的大小。在收入额不变的前提下，税负越低，收益超高。税收筹划的方法正是根据各种经营模式对税收的影响进行投资、经营决策。

2.2.2 典型案例

根据《中华人民共和国房产税暂行条例》规定，自用房屋的房产税是依据房产原值计算缴纳，税率为1.2%；房屋出租的房产税是依据房屋租金计算缴纳，税率为12%。出租房屋的房产税税率是自用房屋的10倍，且12%的房产税税率高于5%的营业税税率。因此，部分房屋出租人对房屋出租过程中如何合理进行税收筹划相当关注，如下将简单介绍房屋出租过程中房产税税收筹划的要点，及其相关的筹划风险。

（1）正确划分房屋和非房屋租赁的价款

根据（87）财税字第3号的规定，“房产”是以房屋形态表现的财产。房屋是指有屋面和围护结构，可供人们在其中生产、工作、学习、娱乐、居住或储存物资的场所。独立于房屋之外的建筑物，如围墙、烟囱、水塔、变电塔、油池、油柜、酒窖菜窖、酒精池、室外游泳池、玻璃暖房、砖瓦石灰以及各种油气罐等，不属于房产。

筹划要点：出租人在签订房产出租合同时，对出租标的物中不属于房产的部分应单独标明，从而达到少缴房产税的目的，如出租人既出租房屋又出租场地，既出租房屋又出租机器设备。如果出租人在租赁合同中能分别列明房屋租赁价款和非房屋租赁价款的，则仅需房屋租赁价款部分按12%缴纳房产税。

筹划风险：纳税人如实进行价款划分，并属于正当的税收筹划行为的，不存在风险。但出租人可能从少缴房产税的目的出发，提高非房屋出租的价款，压低房屋出租的价款，从而达到少缴房产税的目的。对此，部分地方税务机关已联合物价、房产部门根据地段出台房屋最低租金计税价格，如果出租人房屋租金明显偏低且无正当理由的，必须按照地税机关的最低租金计税价格缴纳房产税。

（2）出租变仓储

房屋出租是指在约定的时间内将房屋转让他人使用的业务。仓储是指利用仓库、货场或其他场所代客储放、保管货物的业务。房屋出租由出租人按租金缴纳房产税。仓储由保管人员按房产原值缴纳房产税。

筹划要点：在房产税从价计征的税负明显低于从租计征情况下，出租人可以变房屋出租为仓储保管合同，从而达到少缴房产税的目的。但这种筹划是有前提条件的，即承租人租赁房产的目的是用来堆放、储存物品，若不是这个目的，该筹划方案将不可行。

筹划风险：该筹划从税务的角度来看，出租人是不存在风险的，但从出租变仓储的角度来看，就为出租人带来了新的经营风险，即出租人在仓储合同下必须承担货物的保管责任，发生损失要承担赔偿责任。因此，在一般承租人拟储存的货物属于易保管且价值较低的情况下，该筹划才可行。如果仓储的货物价值量高，发生盗损的可能性较大，则该筹划方案风险大，并不可行。

（3）变出租为提供服务加出租

由于目前出现了很多专门从事房屋租赁的公司，既出租房屋也负责为出租房屋提供物业管理服务。因此，利用物业管理合同规避房产税的现象比较普遍。

筹划要点：出租人可以通过提高物业服务的收费，降低房屋租赁的价格，从而达到少缴房产税的目的。但这种筹划有一定的前提条件，即出租方一般应具有从事物业管理服务的经营范围，且确实在出租房屋的同时也在提供物业管理服务。

筹划风险：合理地利用物业管理服务收费来筹划出租房产税是合理的，但关键是这种方法在实际中通常会被出租人滥用，导致恶意避税行为的发生。由此将产生的风险有以下几个方面：

一是税务机关可能存在的最低租金计税标准是筹划的一个障碍；

二是正规的公司提供物业管理服务的收费是必须取得物价部门的收费许可的，价格也必须通过审批，因此，出租方抬高物业管理服务价格，不仅得不到税务机关认可，还可能由于不按收费许可证收费而受到物价部门的处罚；

三是如果出租方纯粹从逃避房产税的角度出发，没有提供物业管理服务而与承租方签订房屋租赁合同和物业管理服务合同的，在发生纠纷时将处于不利地位。

（4）利用转租筹划租赁房产税

由于转租方不是房屋产权所有人，因此，转租方转租房屋时，只需按转租价款缴纳营业税，不需要缴纳房产税。

筹划要点：利用转租进行租赁房产税筹划，这同烟酒生产企业通过成立销售公司筹划消费税的案例相似，出租人可以成立一个资产管理公司，将拟出租的房产先以较低的价格（假设M）出租给该资产管理公司，然后由该资产管理公司统一按市场价格（假设H）出租房产。这里由于转租烟酒销售的增值税可以差额征税，而转租仍需要全额缴纳营业税，因此，该方案多出一项营业税 $M\times5\%$，节省一项房产税 $(H-M)\times12\%$，只有当 $H>1.42M$ 时，该筹划方案才可行。

筹划风险：由于出租方和资产管理公司是关联企业，他们之间的出租行为是关联交易，将受到税务机关的房屋出租最低租金计税价格的制约，若当地税务机关没有这个标准，由于是关联交易，税务机关将会进行调整，即M的值会发生变化，这将带来很大的不确定性风险。若出租人是准备对拟出租房屋进行翻新、装修改造后重新出租，出租人可以先将未改造的房屋出租给资产管理公司，然后由资产管理公司对出租人的房产进行装修改造后再进行转租，这种筹划方案是比较合理的。

2.3 税收安全策略嵌入法

税收安全策略嵌入法是在税务风险识别与诊断的基础上，研究税收安全及防控策略，把税收安全的具体措施对策写入制度，落在制度层面固化在制度里面，从而达到彻底消除和转移或防控税收风险，降低企业税负。

2.3.1 税务风险识别与诊断

2.3.1.1 描述纳税风险控制环境

近几年来，企业管理层发现，税收方面的麻烦问题越来越频繁地在公司会议讨论内容中被提及。来自社会和投资者的压力也越来越大，社会公众和舆论越来越关注企业的偷税行为，投资者从关心自己投资的安全角度而不允许企业在税收方面犯错误。税务机关的检查结果和企业预料的情况经常存在较大差别，随着税收征管环境越来越严格，税务机关内部责任落实逐步明晰，检查后的协调工作也越来越难做。以往仅仅依靠和政府、税务机关搞好关系来处理税收问题的思路似乎已经不合时宜。面对繁杂、专业的税收政策，企业管理层处理税收问题时经常感觉到力不从心。企业做大做强以后，该交的税缴足了没有？以后会不会因偷税被罚款？该用的优惠政策用足了没有？有没有多缴税？企业管理层开始考虑评估税收对企业利润和未来经营目标的影响。安然事件之后，美国通过了萨班斯—奥克斯利（Sarbanes Oxley）法案，对上市公司制定了许多严厉的法律措施。随着越来越多国家的效仿，新法案的出台已经成为市场经济国家公司治理行为日趋严谨的标志性事件。国外公司为了顺应这种趋势，逐步加强了风险管理和内部控制。作为公司商业风险的一类，有效管理企业税收风险问题已经被广泛接受。而在我国，由于多年计划经济体制的影响，加之纳税意识的匮乏，企业对于税收风险问题的认识刚刚处于萌芽状态。涉税风险的预警分析，首先应当进行环境描述等工作。

2.3.1.2 建立纳税风险评估体系

（1）总体合理性指标

本类指标分析企业所得税总体税负的合理性，是计算机自动预警选户的重要指标，此类指标出现异常的，评估分析目的是找出其主要异常因素，从而可以结合其他类指标分析具体异常因素。

指标1. 企业所得税税负率

数据来源：所属年度企业所得税入库数，年度利润表中“产品销售收入”或“主营业务收入”。

公式：

$$指标1=\frac{年度企业所得税入库数}{年度销售或主营业务收入总额}\times 100\%$$

使用方法：本指标评析企业所得税税负情况，着重对指标值低于预警值的企业审核其企业所得税总体税负是否偏低。此指标出现异常时，应结合指标4进行分析，如指标4也出现异常，应着重从影响利润的因素分析税负影响因素；如指标4没有异常，应着重分析企业纳税调整项目是否合理，认真审核企业所得税年度申报表纳税调整项目是否存在异常。

指标2. 销售或主营业务收入应纳税所得额比率

数据来源：企业所得税年度纳税申报表中“应纳税所得额”，利润表中“产品销售收入”或“主营业务收入”。

公式：

$$指标2=\frac{年度应纳税所得税}{销售和主营业务收入总和}\times 100\%$$

使用方法：本指标评析企业所得税应税所得率，着重对指标值低于预警值的企业审核其企业所得税应税所得率是否偏低。分析方法与指标1相同。

指标3. 本年申报税款与上年申报税款差异率

数据来源：本年及上年企业所得税年度申报表。

公式：

$$\text{指标}3=\frac{\text{本年申报企业所得税款}-\text{上年申报企业所得税款}}{\text{上年申报企业所得税款}}\times100\%$$

使用方法：本指标评析本年入库税款与上年入库税款是否出现突增突减现象。本指标出现异常的，应对本年度及上年度的财务数据和企业所得税申报表的相关数据进行对比分析，找出主营业务收入和成本、其他业务利润、管理费用、财务费用、投资收入、补贴收入、投资收益、营业外收支、纳税调整项目等影响企业所得税税额的因素之主要变动因素，以便有针对性地结合其他相关指标进行深入分析。

指标4. 主营业务收入利润率

数据来源：利润表中“利润总额”、“主营业务收入”。

公式：

$$\text{指标}4=\frac{\text{利润总额}}{\text{年度主营业务收入}}\times100\%$$

使用方法：本指标分析总体利润率的合理性，着重对指标值低于预警值的企业审核利润率偏低是否由于财务数据的重要性。出现异常情况时要对影响利润的各个要素，包括主营业务利润、其他业务利润、管理费用、财务费用、投资收益、补贴收入、营业外收支等内容进行深入分析，找出主要异常因素。

（2）二级分析指标

本类指标主要分析企业申报的企业所得税收入是否完整，是否存在递延收入发生时间的问题。

指标5. 主营业务收入变动趋势

数据来源：利润表中“主营业务收入”。

公式：

$$\text{指标}5=\frac{\text{本年主营业务收入}-\text{上年主营业务收入}}{\text{上年主营业务收入}}\times100\%$$

使用方法：本指标分析评估对象主营业务收入变动情况，着重对指标值低于预警值的企业审核其是否存在少计主营业务收入的问题。对本指标出现异常的，应要求企业说明收入异常变动的原因，如异常变动幅度或变动的金额不大的，可通过征管资料分析或电话询问方式简单了解变动原因；如异常变动幅度、变动金额较大，或通过电话询问方式企业无法清楚解释变动原因的，应要求企业进行约谈，并在约谈时提交企业本年和上年的主要产品单价变动表及变动原因、企业销售额前 10 名客户的本年和上年销售数量和销售额变动表及变动原因，通过互动式交谈详细分析收入变动原因，分析时应注意大客户与企业是否存在关联方关系，定价是否合理。本指标可结合指标 6 和指标 7 进行分析，对本指标显示主营业务收入大幅增加的，应特别注意企业通过少计应收账款和多计预收账款推迟收入发生时间的可能性。本指标还可结合成本费用项目相关指标进行分析，可查阅申报表资料或向企业了解其与产销量密切相关的原材料、用电量、燃料、运费等的变动情况，并进行相关性分析。

指标 6. 应收账款比率变动

数据来源：利润表中“主营业务收入”、资产负债表中“应收账款”。

公式：

$$\text{应收账款比率} = \frac{\text{应收账款}}{\text{主营业务收入}} \times 100\%$$

$$\text{指标 6} = \frac{\text{本期比率} - \text{上期比率}}{\text{上期比率}} \times 100\%$$

使用方法：本指标反映企业销售收入资金回笼的变动情况，主要用于分析资金回笼率的异常变动是否由于企业收入未及时入账或应收账款未经审批列入坏账损失等情况。企业的赊账期限一般是稳定的，对销售人员业绩的考核中资金回笼率也是一个重要指标，而且一般按年考核，因此企业应收账款占年度销售收入的比例正常情况下有一定的稳定性。对应收账款占销售收入比例异常减少的，应要求通过电话方式说明原因，对企业说明原因是发生坏账的，应查阅坏账损失审批记录，审核是否有未经审批列入坏账损失的情况；对企业说明原因是属于应收账款减少的，应结合指标 5 分析是否有少计或推迟计收入的情况，可以要求企业进行约谈，并在约谈时提交企业销售额前 10 名客户的本年和上年销售数量和销售额变动表及变动原因、应收账款明细变动表，对应收账款余额明显减少的客户说明其应收账款减少的原因，对企业无法清楚解释的，可列入日常检查，在检查中对销售收入项目实施截止性测试，对 12 月份的出库单、发货单与发票、记账时间进行核对，检查是否有跨年度推迟收入发生时间的情况。

指标 7. 年末预收账款与年初预收账款比率

数据来源：年末和年初资产负债表中“预收账款”。

公式：

$$\text{指标 7} = \frac{\text{年末预收账款金额}}{\text{年初预收账款金额}} \times 100\%$$

使用方法：本指标主要分析大额预收账款是否属于销售已实现未及时结算收入。《资产负债表》中“预收账款”根据预收账款和应收账款明细科目的贷方余额分析填列，如年末预收账款余额较大，应要求企业提交预收账款余额前10名客户清单，并说明前10名客户预收账款收取金额、收取时间、业务内容、劳务或销售发货的发生时间、开具发票时间（由于纳税评估是在年度纳税申报后进行，这些内容在评估时一般已经确定），分析是否存在未及时结算收入的情况，对企业无法清楚解释的，可列入日常检查，在检查中对销售收入项目实施截止性测试，对12月份的出库单、发货单与发票、记账时间进行核对，检查是否有跨年度推迟收入发生时间的情况。

指标8. 其他业务利润变动率

数据来源：利润表中“其他业务利润”。

公式：

$$\text{指标 8} = \frac{\text{其他业务利润} - \text{上年其他业务利润}}{\text{上年其他业务利润}} \times 100\%$$

使用方法：本指标分析企业出售边角料、原材料、资产出租等其他业务是否全额计入其他业务收入。对其他业务利润异常减少的，应认真审核其年度企业所得税申报表，分析其他业务变动的具体项目，要求企业说明原因，并结合日常征管对企业生产流程和资产状况的了解分析是否存在少计其他业务收入的情况。

(3) 成本与费用分析指标

本类指标主要分析企业申报的成本费用税前扣除是否符合税法的规定，购货方返还的收入是否计入收入，利用配比原则通过成本费用分析收入是否完整。

指标9. 主营业务收入毛利率变动率

数据来源：利润表中“产品销售收入”或“主营业务收入”、“产品销售成本”或“主营业务成本”。

公式：

$$\text{主营业务毛利率} = \frac{\text{主营业务收入} - \text{主营业务成本}}{\text{主营业务收入}} \times 100\%$$

$$\text{指标 9} = \frac{\text{主营业务毛利率} - \text{上年主营业务毛利率}}{\text{主营业务毛利率}} \times 100\%$$

使用方法：本指标主要评析销售毛利率下降时企业是否存在资本性支出列入制造费用或营业成本、成本与收入不匹配（如自用或捐赠计入主营业务成本）、结转成本计算错误等情况，本指标不易受季节性因素影响，也可作为月份指标评估。企业毛利率下降可能是由于销售单价和单位成本两种因素的变化，对指标异常的，应通过向企业了解及查阅申报资料了解毛利率变化的因素。对企业说明属于单价变动因素的，应结合指标 5 进行分析，并向企业了解其主要产品单价变动的幅度及变动的原因，进一步分析是否足够证实毛利率的变动幅度。对企业说明属于成本变动因素的，应通过本年度和上年度企业所得税年度申报表附表《销售（营业）成本明细表》分析企业成本的主要变动因素，并要求企业配合对具体项目进一步分析。以工业制造业为例：对属于直接原材料或辅助材料成本变动的，应要求企业说明材料的单价变动幅度及变动的原因，进一步分析是否足够证实毛利率的变动幅度，进而分析单位材料耗用量是否存在结转错误，对原材料、用电量、燃料耗用量增加的，结合指标 5 分析企业少计收入的可能性；对直接人工费用变动的，应要求企业说明工人数量、工资标准变动情况等，结合对工资纳税调整项目进行分析；对制造费用变动的，应要求企业说明制造费用本年及上年分项目具体金额，对变动额较大的，分析其合理性和合法性，特别应注意是否存在固定资产改良支出等资本性支出列入制造费用、未使用的机器设备提取折旧等不可税前扣除项目未纳税调整的情况。

指标 10. 年末应付账款与年初应付账款比率

数据来源：年度资产负债表中“应付账款”。

公式：

$$指标10=\frac{年末应付账款余额}{年初应付账款余额}\times 100\%$$

使用方法：本指标主要分析应付账款大幅增长时是否存在虚构进货成本、销货方返利未入账长期挂应付账款、无法支付的应付账款长期挂账等情况。本指标表示应付账款不同时期的变动情况，由于供货方的赊销策略有一定的稳定性，当企业生产情况较稳定时，其应付账款余额应比较稳定。本指标出现异常时，可要求企业说明变动的主要原因，对变动比例或变动金额较大的，可要求企业进行约谈，在约谈时提供前 10 名主要供货商应付账款余额变动情况表，列明主要供货商应付账款余额、进货时间、赊销期限、供货项目、价格变动等情况并说明变动原因。

指标 11. 年末预付账款与年初预付账款比率

数据来源：资产负债表中“预付账款”。

公式：

$$指标11=\frac{年末预付账款余额}{年初预付账款余额}\times 100\%$$

使用方法：本指标主要分析预付账款大幅增长是否存在虚构供应商转移资金账外经营或对外投资分配利润、存货未及时入账等情况。本指标出现异常时，可要求企业说明变动的主要原因，对变动比例或变动金额较大的，可要求企业进行约谈，在约谈时提供前10名主要供货商预付账款余额变动情况表，列明主要供货商预付账款余额、到货时间、赊销期限、供货项目、价格变动等情况并说明变动原因。

指标12. 营业费用变动率

数据来源：利润表中“营业费用”。

公式：

$$指标12=\frac{营业费用-上年营业费用}{上年营业费用}\times 100\%$$

使用方法：本指标分析营业费用大幅增加时是否有资本性支出等不可扣除项目列入营业费用、广告费用等限额扣除费用未正确纳税调整的情况，以及一些销售费用跨年度扣除的情况，也可结合指标5分析主营业务收入的完整性。本指标出现异常时，应认真审核本年度和上年度的企业所得税纳税申报表销售费用的具体项目金额变动（旧表为主表第34行广告支出（附表七）、第37行差旅费、第39行运输、装卸、包装、保险、展览费等销售费用（附明细表）），对广告费扣除限额、业务宣传费扣除应按税法规定审核是否超过限额，也可要求企业本年度和上年度销售费用分项目发生金额并说明变动原因，审核其税前扣除的合法性，对运输、装卸、包装费等与经营销售规模密切相关的项目异常增长的，应结合指标5分析主营业务收入的完整性。

指标13. 管理费用变动率

数据来源：利润表中“管理费用”。

公式：

$$指标13=\frac{管理费用-上年管理费用}{上年管理费用}\times 100\%$$

使用方法：本指标分析管理费用大幅增加时是否有资本性支出等不可扣除费用列入管理费用的情况，以及一些管理费用跨年度扣除的情况。本指标出现异常时，应认真审核本年度和上年度的企业所得税纳税申报表管理费用的具体项目金额变动，也可要求企业本年度和上年度管理费用分项目发生金额并说明变动原因，审核其税前扣除的合法性，对租金等可能跨期支付的项目应要求企业说明所属年度。对业务招待费、开办费摊销额、技术开发费加计扣除额、财产损失扣除、坏账损失扣除、总机构管理费扣除、社会保险费扣除、无形资产摊销额、递延资产摊销额等会计与税法扣除口径存在差异，应审核是否按税法规定限额扣除。

指标14. 财务费用变动率

数据来源：利润表中“财务费用”。

公式：

$$指标14 = \frac{财务费用 - 上年财务费用}{上年财务费用} \times 100\%$$

使用方法：本指标分析企业财务费用大幅增加时是否存在税前扣除的利息超过银行同期贷款利率以及在建工程的利息进行税前扣除的情况。本指标出现异常时，应结合长期借款、在建工程的变化进行综合分析，可要求企业说明本年度贷款的金额、利率、用途、实际支付的利息支出。对企业存在在建工程的，由于会计处理中在建工程借款利息资本化的条件与税法存在差异，因此应深入分析利息税前扣除的金额，可要求企业说明在建工程金额、资金来源、利息支出的会计处理方式，审核其是否对不可扣除的利息支出进行纳税调整。

指标15. 综合折旧率变动率

数据来源：资产负债表中“累计折旧”、“固定资产原值”。

公式：

$$综合折旧率 = \frac{年末累计折旧余额 - 年初累计折旧余额}{(年末固定资产原值 + 年初固定资产原值)/2} \times 100\%$$

$$指标15 = \frac{本年综合折旧率 - 上年综合折旧率}{上年综合折旧率} \times 100\%$$

使用方法：本指标分析综合折旧率提高时是否存在折旧年限低于税法规定年限的情况。本指标发生异常时，应结合本年度和上年度企业所得税年度申报表中的《资产折旧、摊销明细表》分析企业的折旧年限是否正确，两个年度的折旧年限是否一致，不一致的要求企业说明原因。

指标16. 预提费用变动分析

数据来源：资产负债表中的“预提费用”。

公式：

$$预提费用 > 设定限额$$

使用方法：本指标审核预提费用余额较大时，是否存在虚增费用扣除项目的问题。预提费用一般年底不留余额，对预提费用年底余额较大的，应要求企业说明预提费用的项目、金额、未支付原因，并根据税法判定是否可以税前扣除。

（4）非正常损益分析指标

本类指标主要分析非企业正常业务范围的非正常支出税前扣除是否正确，非正常收入是否计入应税收入。

指标 17. 营业外支出变动率

数据来源：利润表中“营业外支出”。

公式：

$$指标 17 = \frac{营业外支出 - 上年营业外支出}{上年营业外支出} \times 100\%$$

使用方法：本指标分析营业外支出大幅增加时是否存在不允许企业所得税税前扣除的项目。本指标出现异常时，应要求企业说明营业外支出的项目、发生金额，并与企业所得税申报表中的相关项目进行核对，重点审核：资产净损失是否已审批，提取资产减值准备、非公益性捐赠支出、滞纳金罚款等不可列支项目是否进行了纳税调整，公益性救济性超过税前扣除限额的部分是否进行了纳税调整。

指标 18. 年末其他应付款与年初其他应付款比率

数据来源：资产负债表中“其他应付款”。

公式：

$$指标 18 = \frac{年末其他应付款金额}{年初其他应付款金额} \times 100\%$$

使用方法：其他应付款表示非购销活动的债务，本指标主要分析年末其他应付款金额大幅增长时，是否有应税收入、营业外收入等挂在其他应付款科目，未实际发生的应付款项虚列支出等情况。本指标出现异常时，可要求企业说明变动的主要原因，对变动比例或变动金额较大的，可要求企业进行约谈，在约谈时提供其他应付款余额前 10 名情况表，列明其他应付款债权人、发生的时间、原因、金额、拟支付时间。

指标 19. 年末其他应收款与年初其他应收款比率

数据来源：资产负债表中“其他应收款”。

公式：

$$指标 19 = \frac{年末其他应收款金额}{年初其他应收款金额} \times 100\%$$

使用方法：其他应收款表示非购销活动的债权，本指标主要分析年末其他应收款金额大幅增长时，是否有转移资金，账外经营等情况。指标出现异常时，可要求企业说明变动的主要原因，对变动比例或变动金额较大的，可要求企业进行约谈，在约谈时提供其他应收款余额前 10 名情况表，列明其他应收款债务人、发生的时间、原因、金额、拟支付时间。

指标 20. 资本公积变动率

数据来源：资产负债表中“资本公积”。

公式：

$$指标20 = \frac{年末资本公积 - 年初资本公积}{年初资本公积} \times 100\%$$

使用方法：本指标主要分析资本公积大幅增加时，是否应税收入计入资本公积且未纳税调整的情况。企业会计制度资本公积核算的内容包括了接受捐赠、股权投资准备、拨款转入、外币资本折算差额、关联交易差价、债务重组收益、无法支付的应付款项、资本公积准备转入其他资本公积等内容，除了股权投资准备和外币资本折算差额会计与税法都不计收益，拨款转入项目应分析具体情况判定税法上是否计收益外，其他项目税法都要计算应税收入。本指标出现异常时，可要求企业提供资本公积变动的项目内容、金额，逐项分析是否属于应税收益。

指标 21. 电耗指标

数据来源：利润表中“主营业务收入”、“耗电量”。

公式：

$$指标21 = \frac{主营业务收入}{耗电量} \times 100\%$$

使用方法：本指标主要用于电能为主要生产能源的制造业，预警值须根据细分行业设定。本指标中的耗电量应在日常巡查时进行核实，查看企业电表或缴交电费记录。对单位耗电量的营业收入明显低于同行业水平的，应通过进一步了解企业的生产设备能力、厂房规模、员工人数等分析企业是否存在少计收入的情况。

指标 22. 工资指标

数据来源：利润表中“主营业务收入”、企业所得税申报表中的“工资总额”。

公式：

$$指标22 = \frac{主营业务收入}{工资总额} \times 100\%$$

使用方法：本指标主要用于劳动密集型的制造业，预警值须根据细分行业设定。本指标中的工资总额应在日常巡查时结合实地查看工人人数、出勤记录、工资表等进行核实。对营业收入工资比明显低于同行业水平的，应通过进一步了解企业的生产设备能力、厂房规模、员工人数等分析企业是否存在少计收入的情况。

2.3.1.3　定期进行风险识别

税收风险预警包括：税收收入风险预警，税收成本风险预警，税收政策风险预警，税收管理风险预警等。应对税务稽查风险，企业可以进行以下自我检测：

(1) 您是否对公司的主要税种的税负率认真测算过?

(2) 公司在招聘会计人员时，是否测试其办税能力?

(3) 您对所从事行业的相关税收优惠政策是否了解?

(4) 公司是否对采购人员索要发票事项进行过培训?

(5) 对外签订相关经济合同时是否考虑过对纳税的影响?

(6) 租赁、融资、购房或投资时是否考虑纳税的事项?

(7) 新业务发生时是否系统地咨询过相关财税专家?

(8) 新颁布的税收政策法规是否在30日内学习掌握?

(9) 对税务局的评估、约谈或稽查，您是否了解其意图?

(10) 是否聘请过财税专家定期进行财税风险的诊断?

2.3.1.4　明确纳税风险评估的步骤

(1) 信息的采集

为纳税风险评估进行的研究和情报收集是第一步的工作。内部主要来源于企业管理数据信息库：包括纳税人的纳税申报、以前年度的风险评估资料、以前年度对纳税人的审计资料等纳税人情况，这些信息全部录入计算机网络供纳税评估人员调用。

(2) 信息的分析

纳税评估人员将采集的内部和外部信息及评估员个人采集的信息进行分析，形成几个报告，包括财务分析、关联企业分析、财务指标分析、申报分析、欠税情况分析、征收情况分析等。这些报告的形成是在专家、行家设定的方程式下自动形成的，再加上评估人员个人分析的经验，保证了对采集信息的分析研究质量。

(3) 风险的确定和处理

对纳税人有信息分析后，确定纳税人的潜在风险、具体风险和可能逃避的税收，并提出处理方法和策略。

2.3.1.5　定期进行纳税风险关键因素原因分析

纳税风险有来源于纳税人自身的税务风险，也有来自外部举报和延伸检查的风险。有缺乏依法纳税观念带来的风险，也有纳税人自身的专业素质和责任心，还有纳税人滥用税法及偷税行为带来税务风险，甚至还有纳税人税收筹划导致的风险。

【案例 2 - 7】

某企业在销售货物过程中，用给运输车辆加燃油的方式抵付运费，可以多抵扣增值税进项税吗？测算结果：每发生 1 万元运输费用按税法只能抵扣 10000 × 7% = 700（元）增值税。

通常运输费里燃油费用占 80%，如果给运输车辆加油，按加 8000 元的油计算，可抵扣增值税进项税额 8000/(1 + 17%) × 17% = 1162（元）。这样每支付 1 万元运输费用就可以多抵扣增值税进项税 462 元。

[分析]

该企业将大量运输费用变作加油费用，按税法规定应属以物易物行为，按规定缴纳增值税。

若运输车辆是企业自己的，这样做当然可以，关键在于车辆是客户的，按正常交易来说，企业支付对方车辆运费，应让对方提供运输发票，即按企业原来的运费核算方式结算。现在企业改用给对方车辆加燃油方式抵付运费，这种行为实际上包含两个过程：一是购物行为，二是以物抵债行为。购燃油是购物行为，可以凭取得增值税专用发票抵扣进项税额，然而给对方车辆加油抵付运费则是一种以物抵债的销售行为。企业在测算时单纯考虑了增值税进项税而忽视了增值税销项税问题。企业发生的运输费用原本可以按税法抵扣 7% 的增值税进项税额，结果不仅没能得到增值税进项税额抵扣，反而还要多缴纳增值税 12. 7 万元。

2. 3. 1. 6　研究税务风险管理的策略

税务风险的评估过程，是一个精确分析风险来源和应用度量方法的过程，指明了公司策略和实施过程中固有的税务风险。税务风险管理策略是通过特定的政策来限定解释这些具体策略，修订和更新所有的发展政策，紧跟时代的发展。公司的税务风险管理策略包括：避免、保留、减少、转移和利用税务风险。

（一）避免税务风险

（1）通过推出一个市场或地域，或者抛售、放弃一个产品类别或业务来避免税务风险。

（2）禁止不可接受的高税务风险活动、交易、财务损失及资产损失，如通过适当控制的方式或按公司标准来执行。

（3）通过重新定义目标、重新设置策略并配置资源，以停止特定的活动。

（4）筛选资本项目，以避免低回报、脱离策略及不可接受的高税务风险活动。

（5）通过设计及实施内部防护措施来消除税务风险。

（二）保留税务风险

（1）接受目前的税务风险水平，但同时，目前的税务风险水平不能再提高。

（2）通过增加额外费用，在市场与法制环境允许的情况下，弥补税务风险承担者的损失，并通过这种方式重新定价产品或服务。

（3）通过下列手段实现税务风险自保。

——及时进行税务风险评估；

——对先行税务风险的关键控制点进行分析；

——合理纳税规划，在可接受的税务风险水平下维持原有的业务操作模式。

（4）设置专职人员作出决策并定期进行税务风险测评与监控，据此作出意外事件反应计划。

（三）减少税务风险

（1）降低风险：合理调整业务操作模式，减少税务风险触发机会。

（2）控制风险：通过内部税务操作规程控制，将不可预见的意外税务风险事件降低到可接受的程度。

（四）利用税务风险

（1）通过有效的方法在公司内部化解税务风险，并产生预期收益。

（2）通过公司的经营模式将财务、生产、销售及公司组织进行多样化改造。

（3）通过重组、合并等手段充分利用税务政策，享受税收规划收益。

（4）通过游说与公共关系活动影响税务监管部门的决策。

税务风险管理策略的选择，如：避免税务风险、保留税务风险、减少税务风险、利用税务风险等活动指出了经常应用于单独风险管理的手段。税务风险管理策略的选择就是上述各种风险控制政策的单独应用、组合分析与多种策略的结合。税务风险管理策略体现在公司具体的税务风险控制政策与过程中。税务风险控制过程包括全面税务风险控制与特殊税务风险控制。如：制定税务风险控制方向、设置税务风险管理边界、组织税务风险控制活动、选择及发展高素质员工、分配税务风险控制职责并计量业绩。特殊税务风险控制体现在某些特殊商业模式下的特定税务风险。

2.3.1.7 研究涉税风险控制基本办法

主要设定内部涉税风险控制的机构、人员、基本流程及关键控制节点，是企业涉税风险控制的基本准则。

（1）设立税务经理；

（2）定期进行纳税健康检查；

企业是否健康、财务是否健康是基础，财务是否健康要通过一系列财务指标反映出来。因此，通过调查测试一系列涉税财务指标的现状、发展趋势、分析产生变化原因，就能有效地把握其弊病，为进一步研究治理奠定基础，通过调查分析诊断企业健康状况。

（3）化解业务流程隐含的潜在风险，如防范企业向股东借款的税务风险，不要接纳挂靠部门和人员；

（4）选择防范税务风险的重要税种；

（5）构建税务风险管理系统，如利用纳税评估降低税务风险。

定期诊断制度

税务关系	1. 凭证	税务凭证领用、保管手续是否健全	
		凭证保管是否良好完整	
	2. 责任	税务是否由专人负责	
		是否有责任制度	
	3. 公告	税法、税务公告是否有专人搜集	
		保存是否完好	
	4. 缴税	纳税计算与缴纳是否正确	
		正确，是否发生过税金错缴事项	
		是否发生过罚款与滞纳金	
	5. 税收筹划	企业是否进行税收筹划	
		减少哪些企业税负	

2.3.1.8　涉税风险控制具体规范

包括涉税风险分析、报告规范，涉税风险复核规范，涉税风险控制文书规范，涉税风险控制档案规范等。

企业可聘请专家撰写诸如《涉税风险控制手册》之类的税务风险管理制度，主要包括基本办法、具体规范、操作流程和要点指南四大部分。

2.3.1.9　涉税风险控制具体流程

包括税收法规信息系统、财务核算涉税风险控制流程、投融资涉税风险控制流程、采购涉税风险控制流程、销售（营销）涉税风险控制流程、员工雇佣（含高管薪酬）涉税风险控制流程、利润分配涉税风险控制流程，以及其他非经常性业务（含债务重组、资产置换、非货币性交易、合并、分立、捐赠、重要资产处理等）涉税风险控制流程等。

2.3.1.10 做好纳税调整

为了避免造成不必要的损失，关键是做好企业年终决算和应纳税所得额的调整，才能使年度的纳税申报表填报得真实可靠。纳税人自我审查账册，进行应纳税所得额的调整，实际上是企业领导和办税人员对照企业所得税法规，进行自我监督、自我学习的过程。一方面有利于提高办税人员的业务素质和业务水平，使他们更熟悉企业所得税法规，提高依法纳税的自觉性；另一方面有利于税收秩序的稳定，保证企业所得税款及时足额地缴入国库。要做好企业所得税年终应纳税所得额的调整，使企业所得税年终的纳税申报真实准确，对此，关键是要做好以下几个环节的工作。一是查实各种收入。纳税人一切收入都要完整地纳入征税范围（另有规定者除外），它是计算所得税的来源和基础。因此，正确确定企业的应纳税所得额，首先要准确界定企业的各种收入。企业在年终结算时，应当特别注意有无隐瞒收入、冲销和转移收入的行为。另外，还要注意一些容易遗漏的收入，如固定资产盘盈收入，因债权人原因确实无法支付的应付款项，物资及现金溢余收入，包装物押金收入，事业性收费收入，减免或返还的流转税收入以及接受的捐赠收入等。二是查实成本、费用和损失。应当明确，这里所讲的成本、费用、损失，是指税法规定的成本、费用和损失，而不是企业财务制度上的概念。因此，企业按照国家有关规定核算成本、费用和损失的金额，它是既符合国家关于企业财务、会计处理的规定，又不与税法规定相抵触的扣除项目；企业的财务、会计处理与税法规定不一致的，应按税法规定计算并应进行纳税调整的金额；还有税法规定准予抵免的金额。因此，特别要注意财务会计制度规定与税法规定不一致的地方，有无按照税法的规定进行相应的调整。三是查实生产、经营利润。在查实收入、成本和损失的基础上，还应当对年终的营业利润进行查核。要注意当期的利润是否完整，有无包括所有的主营业务利润和其他业务利润。注意有无转移、隐瞒利润的问题。要注意费用的待摊和预提是否合理，期间费用的扣除是否真实，流转环节税金及其附加的计算与缴纳是否相符。四是查实营业外收支。企业的营业外收入和营业外支出虽然是与企业生产经营无直接关系的各项收入和支出，但营业外收支净额还是组成企业利润总额的重要因素，往往又是税务机关进行纳税检查的重要内容之一。对营业外收入和支出要按照规定的项目逐一审查，要注意有无任意扩大营业外支出的情况，对营业外收入有无转移、挂账的现象。特别要注意审核有无正确核算投资收益，投资收益是企业的对外投资回报，一般情况下是比较稳定的。因此，只要对比本期的投资收益率，如出现忽升忽降的现象，就不难发现问题。主要是查核对外投资取得的净收益有无不及时入账，长期挂往来账，或仍在对方账上或直接转作向对方投资。股权投资采用权益法核算的企业，有无不按被投资单位增加的净资产中所有的数额反映投资收益。投资到期收回或中途转让所取得的款项高于账面价值的总额，有无将其挪作他用，有无人为地多列投资损失。

2.3.1.11 建立税企沟通管道，营造良好的税际关系

长期以来，税企之间在业务和信息方面存在沟通障碍，企业的业务咨询方式具有很大的局限性。如有采用“QQ 群”的方式来解决税企之间沟通难的问题的税务机关，企业应主动加入，拓宽了税企之间的沟通渠道，企业不但能从中及时掌握税务机关发布的各种信息，也可以在线咨询，还可以就涉税业务同其他企业进行交流，促进了征纳关系的和谐。

2.3.1.12 运用法律手段维护合法权益与防范税务风险

企业在申辩笔录问题、引用法律问题、罚款缴纳时间问题、税务文书的送达问题、证据问题、检查笔录问题、越权处罚问题、以罚代刑问题、处罚失当问题、处罚对象问题等等当中，充分运用法律手段维护合法权益与防范税务风险。

附件一：居民企业各主要环节纳税风险点

一、收入风险

常见涉税问题：

1. 收入计量不准
2. 隐匿实现的收入
3. 实现收入入账不及时
4. 视同销售行为未作纳税调整
5. 销售货物的税务处理不正确

二、成本

常见涉税问题：

1. 利用虚开发票或人工费等虚增成本
2. 资本性支出一次计入成本
3. 将基建、福利等部门耗用的料、工、费直接计入生产成本等以及对外投资发出的货物，直接计入成本、费用等
4. 擅自改变成本计价方法，调节利润
5. 收入和成本、费用不配比
6. 原材料计量、收入、发出和结存存在的问题

7. 周转材料不按规定的摊销方法核算摊销额，多计生产成本费用

8. 成本分配不正确

9. 人工费用的核算不准确

10. 销售成本中存在的问题

（1）虚计销售数量，多转销售成本

（2）销货退回只冲减销售收入，不冲减销售成本

（3）为本企业基建、福利部门及赠送、对外投资发出的货物计入销售成本

三、费用

常见涉税问题：

1. 费用界限划分不清

（1）资本性支出与费用性支出的界限划分不清

（2）一项支出在成本和费用中重复列支

（3）有扣除标准和无扣除标准费用的界限划分不清

2. 管理费用的问题

（1）招待费未按税法规定进行纳税调增

（2）擅自扩大技术开发费用的列支范围，享受税收优惠

（3）专项基金未按规定提取和使用

（4）企业之间支付的管理费、企业内营业机构之间支付的租金和特许权使用费进行税前扣除

3. 销售费用的问题

（1）超列广告费和业务宣传费

（2）专设销售机构的经费税务处理不正确

（3）发生的运输及装卸费不真实

4. 财务费用的问题

（1）贷款使用企业和利息负担企业不一致

（2）从非金融机构借款利息支出超过按照金融机构同期同类贷款利率计算的数额，未进行纳税调整

（3）企业从其关联方接受的债权性投资与权益性投资的比例超过规定标准而发生的利息支出，未进行纳税调整

（4）汇兑损益的税务处理不正确

（5）非银行企业内营业机构之间支付的利息税前扣除

四、税金

常见涉税问题：

1. 应资本化的税金税前扣除
2. 将补提补缴的以前年度税金直接税前扣除
3. 将企业所得税额和应由个人负担的个人所得税额进行了税前扣除

五、损失

常见涉税问题：

1. 虚列财产损失
2. 已作损失处理的资产，又部分或全部收回的，未作纳税调整

六、其他支出的检查

常见涉税问题：

1. 销售材料的成本结转不正确
2. 出租财产的成本结转不正确
3. 计提的不符合税法规定的各项准备金未做纳税调整

七、固定资产税务处理的检查

1. 固定资产计税基础的检查

常见涉税问题：

(1) 虚增固定资产计税价值
(2) 属于固定资产计税价值组成范围的支出未予资本化

2. 固定资产折旧及处置的检查

常见涉税问题：

(1) 计提折旧范围不准确
(2) 折旧计算方法及分配不准确
(3) 固定资产处置所得未并入应纳税所得额

八、无形资产税务处理的检查

常见涉税问题：

1. 无形资产计量、摊销不准确
2. 自行扩大加计扣除无形资产成本的范围
3. 无形资产处置所得未并入应纳税所得额

九、生产性生物资产税务处理的检查

常见涉税问题：

1. 生产性生物资产计量不准确
2. 生产性生物资产折旧的时间、残值、年限不准确
3. 生物资产处置所得未申报纳税

十、长期待摊费用税务处理的检查

常见涉税问题：

1. 长期待摊费用的计量不准确

2. 缩短摊销期限，增加当期费用

十一、税收优惠的检查

常见涉税问题：

1. 不符合税收优惠条件享受税收优惠

2. 不符合税收法定范围享受税收优惠

3. 超期限享受税收优惠

4. 减免金额计算不准确

十二、应纳税所得额的检查

常见涉税问题：

1. 不征税收入用于支出所形成费用的折旧或财产的摊销额在税前扣除，未作纳税调整

2. "以前年度损益调整"事项，未按规定进行纳税处理

十三、亏损弥补的检查

常见涉税问题：

1. 未按税法规定的弥补亏损年限弥补亏损

2. 企业自行扩大弥补亏损数额

3. 将查增所得额用于弥补以前年度亏损

4. 用境内所得弥补境外营业机构的亏损

十四、应纳税额的检查

常见涉税问题：

1. 应纳税额未按适用税率计算

2. 申报的减免所得税额不符合政策要求

3. 抵免税额的范围及抵免方法不符合税法规定

4. 投资收益未按税法规定进行税务处理

5. 税额计算不准确

十五、非货币性资产风险点

常见涉税问题：

1. 非货币性资产交换业务通过体外循环的方式，偷逃税款

2. 直接调整非货币性资产的账面记录，不确认损益申报纳税

3. 利用交易双方的关联关系，在关联方之间进行利润的转移

4. 故意混淆各税种计税依据的确认，少缴税款

5. 不具有商业实质或公允价值不能可靠计量的非货币性资产交换，未按税法规定进行纳税调整，影响当期应纳税所得额

6. 整体资产置换重组业务，未按规定纳税

十六、债务重组风险点

常见涉税问题：

1. 利用虚假债务重组，调节利润，少申报缴纳税款

2. 债务重组所得计入资本公积，未作纳税调整

3. 纳税人确认预计负债，少计的债务重组收益未申报纳税

4. 关联企业之间利用债务重组业务逃避税款

十七、投资业务风险点

常见涉税问题：

1. 少计投资成本多列当期费用

2. 隐匿、截留投资业务的持有收益

3. 视同销售未按税法规定缴纳各税

4. 混淆免税收入和应税收入的界限，少计应税所得

十八、企业合并税务风险点

常见涉税问题：

1. 被合并方未按税法规定确认所得，偷逃企业所得税

2. 合并方取得的资产不按税法规定摊销，多计成本费用，影响当期和以后期间应纳税所得额

3. 合并方合并对价中的非货币性资产支付不确认资产的处置收益

4. 合并取得的商誉分期摊销或计提减值准备在税前扣除

5. 合并企业多弥补被合并企业合并前发生的亏损

十九、股权转让企业风险点

常见涉税问题：

1. 少计或不计投资转让所得，少缴企业所得税

2. 多计股息红利收入，少计股权投资转让所得

3. 提前弥补股权投资转让损失

二十、建造合同风险点

常见涉税问题：

1. 合同收入未按照完工百分比法分期确认，少缴流转税和企业所得税

2. 因合同变更、索赔、奖励等形成的收益不计收入，偷逃税款

3. 合同完成后处置残余物资取得的收益不计入收入

4. 对于合同预计总成本超过合同总收入的预计损失，企业提取损失准备，在计算应纳税所得额时不作调整

5. 借款费用重复扣除或提前扣除

附件二：非居民企业纳税申报风险点一览表

<table>
<tr><th>序号</th><th>风险性质</th><th colspan="2">风险点</th><th>备注</th></tr>
<tr><td rowspan="4">1</td><td rowspan="4">时间性风险（多缴税风险）</td><td colspan="2">税收优惠未及时认定</td><td rowspan="4"></td></tr>
<tr><td colspan="2">财产损失未及时审批</td></tr>
<tr><td colspan="2">纳税收入未及时确认</td></tr>
<tr><td colspan="2">应计未计费用的风险</td></tr>
<tr><td rowspan="4">2</td><td rowspan="4">虚假列支（少缴税风险）</td><td colspan="2">纳税人贿赂国外人员并将贿款作为对接受“服务”的支付款项扣除</td><td></td></tr>
<tr><td colspan="2">假“贷款”利息税前列支</td><td>纳税人从国外实体获得贷款，将利息支付作为经营成本扣除，而国外实体由纳税人秘密控制，贷款只不过是其自己的资金，利用国外实体隐藏了这笔资金</td></tr>
<tr><td colspan="2">隐藏居民身份</td><td>纳税人声称不是某国居民，而是另外一避税地居民，注册地并非其实际管理地</td></tr>
<tr><td colspan="2">使用避税工具</td><td>使用空壳实体——信托、合伙等</td></tr>
<tr><td rowspan="2">3</td><td rowspan="2">不申报非法所得（少缴税风险）</td><td colspan="2">收受贿赂所得</td><td rowspan="6"></td></tr>
<tr><td colspan="2">犯罪活动所得</td></tr>
<tr><td rowspan="4">4</td><td rowspan="4">不申报合法所得（少缴税风险）</td><td colspan="2">现金支付</td></tr>
<tr><td colspan="2">资金跨境转移</td></tr>
<tr><td colspan="2">国际贸易所得直接转入外国银行</td></tr>
<tr><td colspan="2">使用离岸公司</td></tr>
<tr><td rowspan="13">5</td><td rowspan="13">异常申报风险</td><td rowspan="7">交易异常风险</td><td>现金交易</td><td rowspan="7"></td></tr>
<tr><td>关联交易</td></tr>
<tr><td>避税地交易</td></tr>
<tr><td>无关第三方</td></tr>
<tr><td>亏损异常</td></tr>
<tr><td>无商业目的的交易</td></tr>
<tr><td>交易缺乏透明度</td></tr>
<tr><td rowspan="6">账、证、表异常风险</td><td>佣金、管理费支付（大额）</td><td></td></tr>
<tr><td>可疑合同</td><td></td></tr>
<tr><td>银行信息</td><td>私人账户、不正常支付、多个账户等</td></tr>
<tr><td>财务报表可疑</td><td></td></tr>
<tr><td>单据、表、证不齐</td><td></td></tr>
<tr><td>不合理解释</td><td></td></tr>
</table>

2.3.2 安全策略与措施嵌入

在风险识别的基础上补充修改企业的制度。如：企业纳税申报控制应以纳税遵从性自查为主要方法。其内容包括两方面：一是内部管理环节的检查，即检查生产、仓库、供销、财务上衔接是否顺畅，原始数据和资料能否准确及时采集和共享。二是业务操作与合同符合性检查，即检查货、票、款、合同一致性，注意是否异常。具体方法如下：

2.3.2.1 收入审核的基本方法

（1）编制收入项目明细表，复核加计正确，并与报表、总账、明细账及有关申报表等核对。

（2）了解各类合同、协议的执行情况及其业务项目的合理性和经常性。

（3）注意会计制度与税收规定在收入确认上的差异。

（4）注意是否存在不计、少计收入的情形。

2.3.2.2 扣除项目审核的基本方法

（1）获取相关成本费用明细表，复核计算是否正确，并与有关的总账、明细账、会计报表及有关的申报表等核对。

（2）审核成本费用各明细子目内容的记录、归集是否正确。

（3）对大额业务抽查其收支的配比性，审核有无少计或多计业务支出。

（4）审核会计处理的正确性，注意会计制度与税收规定间在成本费用确认上的差异。

2.3.2.3 凭证手续和单据附件的完备性检查

（1）理清业务流程，从证明业务的真实性、合理性出发，结合业务常规，落实附件是否完备（特别是成本费用项目）。

（2）注意考察会计人员对业务流程、内控制度、会计知识的熟悉程度。

2.3.2.4 发票真实性、合法性检查（虚开、假发票的识别）

（1）发票本身的合法性

（2）发票填列的有效性

（3）发票使用区域的有效性

（4）发票使用时间的有效性

（5）发票内容的真实性

（6）发票填开单位的合法性

2.3.2.5 税额计算与纳税申报的合法性检查

（1）相关业务是否核算了税款

（2）税收政策是否错误理解

（3）税率使用是否正确，税额有无差错

（4）纳税申报填写是否正确

（5）纳税申报附报资料是否齐全

2.4 财务指标和比率预警法

2.4.1 QNC 纳税管理测评系统

企业纳税管理测评系统（简称 QNC），是北京税收与市场调查研究中心在深入研究和总结目前税务部门纳税评估系统运行经验不足的基础上，独创性地提出企业自行评估的思路和框架，会同国内著名 IT 专家共同开发的，它以《大成方略集团设想》为指导，按照“统一规划、需求牵引、应用驱动、先易后难、稳步推进”的工作思路及以充分利用样本企业单位的数据，为广大纳税人提供前期数据审核，以提高纳税质量为目标的辅助工具，切实服务于纳税企业。

该系统操作简单，只要掌握电脑基本操作技能，就可以熟练操作。企业将系统规定的财务报表、纳税报表等数据输入到 QNC 系统后，系统就会迅速检测数十项指标，评估结果一目了然。

该系统根据企业实际需要设置了四大功能：报表的自动化导入功能、报表数据的预警功能、报表数据的比较功能、综合分析和说明功能。可以解决两大问题：一是实时监控企业目前主要税种纳税可能存在的问题；二是了解企业主要财务和纳税指标与全国、省、市同行业之比较。通过该系统检测，可以清楚企业的纳税管理水平以及与同行业的对比，做到心中有数，以便及时加强纳税管理工作和做出相应的经营战略调整。

使用该系统要求用户全面地尽量多地输入上年度和上期财务资料。否则，仅输入当期资料将影响评估指标的全面性。但随着用户的不断使用和填充资料，这一问题将会解决。

QNC 纳税管理测评系统是目前企业进行纳税申报控制的一个主流工具。企业应该创造条件导入并使用该工具。

2.4.2 巧用办公软件 Excel

Excel 是微软公司出品的 Office 系列办公软件中的一个组件，确切地说，它是一个电子表格软件，可以用来制作电子表格、完成许多复杂的数据运算，进行数据的分析和预测并且具有强大的制作图表的功能。传统的会计报表分析，依赖于手工计算，不仅工作量较大，并且容易出错，而利用计算机软件实现会计报表分析就方便多了。进行财务分析，选用 Excel 比较有利。一是 Excel 具有上述的功能和使用上的优势，二是它不需要企业另外购买专业会计软件而支付额外开支。总的来说，Excel 对于企业而言是一个平凡但却有效的工具。

2.4.3　数据仓库和数据挖掘技术

数据仓库领域的权威 W. H. Inmon 给出了数据仓库的一个简短而全面的定义：数据仓库是一个面向主题、集成、时变、非易失的数据集合，是支持管理部门的决策过程。对于数据仓库的概念我们可以从两个层次予以理解，首先，数据仓库用于支持决策，面向分析型数据处理，它不同于企业现有的操作型数据库；其次，数据仓库是对多个异构的数据源有效集成，集成后按照主题进行了重组，并包含历史数据，而且存放在数据仓库中的数据一般不再修改。总的来说数据仓库是决策支持系统，它为企业的各层决策、分析人员使用。

数据挖掘技术即数据挖掘（Data Mining），又称为数据库中的知识发现（Knowledge Discovery in Database，KDD），就是从大量数据中提取隐含在其中的，人们事先不知道但又是潜在有用的信息的过程。简单地说，数据挖掘就是从大量数据中提取或“挖掘”知识。

数据挖掘萌芽于“情报深加工”，前身为知识发现（KDD），其实质就是发现“情报背后的情报”、“新闻背后的新闻”。如第二次世界大战中，波兰军队根据一只波斯猫的出现推断德军的一个司令部的存在；20 世纪六七十年代，日本根据公开的信息推断大庆油田的方位、出油量等，都是通过简单信息推断深层信息的例子。当然，由于计算机技术和学习算法的限制，当时的情报加工主要靠人工分析完成。随着信息加工手段的计算机化和数据库技术的发展，情报由模拟信号变成了数据，情报深加工便发展为对已知数据的挖掘。

数据挖掘之所以被广泛运用于信息化战场，就在于其具有预测和描述两大功能。预测是从已知事件推测未知事件，用今天演绎未来的过程。描述是信息推演信息，揭示已有信息更深层的内在表达，指从现实数据库中发现和抽取未知的、有价值的和可理解的模式。

数据仓库和数据挖掘技术在企业管理工作中是协同工作的，企业可以通过建立并利用数据仓库分析企业的财务情况及企业内外部的税收信息，用于纳税申报的“情报深加工”，即根据分析结果采取相应措施以发现纳税申报资料中的潜在问题，提高纳税申报的纠错能力，从而有效地提高纳税申报质量。

2.4.4 借助会计核算工具及财务比率实施控制

财务比率和会计核算工具是分析企业财务状况最为广泛的使用方法和工具，它是根据企业主要财务报表所提供的财务数据进行分类、归总、分析从而得出企业决策者需要的财务信息。通过企业财务比率分析，还可以帮助我们了解企业在管理、市场营销、生产、研究和发展等其他方面的长处和短处，主要指标如下表所示。当然，财务比率在纳税申报控制中也具有普遍的应用。企业应灵活运用。如“电耗指标”的运用。指标公式：

$$指标 = \frac{主营业务收入}{耗电量} \times 100\%$$

其分子“主营业务收入”数据来源于利润表，分母为“耗电量”。

使用方法：本指标主要用于电能为主要生产能源的制造业（预警值须根据细分行业设定）。本指标中的耗电量应在日常巡查时进行核实，查看企业电表或缴交电费记录。对单位耗电量的营业收入明显低于同行业水平的，应通过进一步了解企业的生产设备能力、厂房规模、员工人数等分析企业是否存在少计收入的情况。

比率	公式	测定内容
1. 清偿比率		
1）流动比率	流动资金/短期债务	企业可以在多大程度上清偿其短期债务
2）速动比率	流动资金－库存/短期债务	在不用出售库存产品和材料的情况下，企业可以在多大程度上清偿其短期债务
2. 债务与资产比率		
1）债务与资产比率	总债务/总资产	债务在总资产中所占的百分比
2）债务与自有资本的比率	总债务/股东的总资本	在总资产中，股东与债权人各自所占的比重
3）长期债务与自有资本比率	长期债务/股东的总资本	在企业的长期资本结构中，债务与自有资本的比例关系

续表

比率	公式	测定内容
4）收益与利息比率	税前利润/年利息支出	需要多少税前利润才能支付每年的利息
3. 活动比率		
1）库存周转率	销售总额/库存成品总值	企业的库存是否过多，或者在行业中是否周转太慢
2）固定资产周转率	销售总额/固定资产总值	厂房、设备的利用率
3）总资产周转率	销售总额/总资产	企业是否用其资产产生了足够的销售
4）应收账款周转率	年赊销总额/应收款	企业需要多长时间才能回收赊销货款（百分比）
5）平均回收期	应收款/（总销售/360 天）	企业回收赊销货款的平均天数
4. 利润比率		
1）毛利率	销售额－总生产成本/销售额	可供支付经营管理费用和作为利润收入的毛利润
2）经营利润率	利税前收入/销售额	企业在不考虑税收和利息情况下的盈利能力
3）纯利润率	纯利润/销售总额	每元销售的税后利润
4）投资收益率	纯利润/总资本	每元资本的税后利润，又称为总资本收益率
5）自有资本收益率	纯利润/股东的总资本	股东每元资本的税后利润
6）每股盈利	纯利润/企业售出普通股总额	股东从每一普通股上可以得到的盈利
5. 增长比率		
1）销售	总销售金额的年增长率	企业的销售增长率
2）利润	利润的年增长率	企业的利润增长率
3）每股盈利率	每股盈利的年增长率	企业每股盈利的年增长率
4）每股分红	每股市场价格	企业股息增长率
5）市盈率	每股市价/每股盈余	

国瑞鼎泰温馨提示：

1. 企业涉税制度设计是一项复杂的系统工程，在整个制度设计过程中需要综合运用涉税管理理论及系统论、信息论和控制论的现代理论和技术，同时需要借助于文字说明、表格和流程图等具体形式来反映制度内容。

2. 企业在一定时期实现的财务成果是一定的，国家多收，企业就少得；企业多留，国家则少拿；为此降低税负是纳税人永恒的诉求。

3. 税务机关经常会对企业提出税负率的质疑，税负率与企业纳税之间有什么关系？企业的税负率处于什么水平才是合理的？如何正确评价分析企业的税负率？税收负担度量与测算就成为涉税制度设计的一种主要方法。税负率与征收率和税收贡献率是不同的度量方法，应主要区别和应用。

4.《大企业税收风险管理指引（试行）》（国税发〔2009〕90 号）第一章第二条明确指出，税收风险管理的目标包括企业经营决策和日常经营活动应考虑税收因素的影响，在符合税法规定的前提下，开展具有合理商业目的税收规划。可见国家税务总局鼓励企业进行税收策划。

5. 企业应当重视税收策划，也称税收规则。在符合国家法律及税收法规的前提下，按照税收政策法规的导向，事前选择税收利益最大化的纳税方案处理自己的生产、经营和投资、理财活动。

6. 税收安全策略嵌入法是在税务风险识别与诊断的基础上，研究税收安全及防控策略，企业应把税收安全的具体措施对策写入制度，落在制度层面固化在制度里面，从而达到彻底消除和转移或防控税收风险，降低企业税负。

7. 财务比率和会计核算工具是分析企业财务状况最为广泛的使用方法和工具，同样也是涉税制度设计的重要方法。学习应用时应注意变动率有关纵向指标的设计。

第 3 章

程序篇

本章讲述企业涉税制度设计的具体步骤和程序。设计程序介绍了制度设计的调查方法、制度纲要的编写方法、分项制度的编写方法和制度初稿的修改、完善方法；设计内容部分主要讲述了企业涉税制度的构成体系和主要设计内容。

由于企业涉税制度所要解决的问题具有不相同的性质和范围，制度设计的条件、方式和要求也各不相同。因此，企业涉税制度的设计方法也会因企、因地、因时、因事、因人和因设计阶段不同而不尽相同。

3.1 企业涉税制度设计的调查

企业涉税制度设计调查是制度设计人员按照涉税制度设计的内容和要求，运用一定方法，了解掌握与涉税制度设计有关的情况，发现涉税活动中存在的问题，为涉税制度设计准备资料的过程。

企业涉税制度设计的过程，实质上也是设计人员不断发现问题、分析问题、解决问题的过程。通过调查，设计人员可以了解企业与涉税制度有关的情况，发现企业生产经营活动中存在的需要解决的问题，有助于设计人员有针对性地采取相应改进措施；通过调查，设计人员可以熟悉企业的业务流程，使设计的涉税制度更加切合企业实际，具有较强的可操作性。因此，调查是整个涉税制度设计工作的重要基础。在企业涉税制度设计的不同阶段，调查的内容和详细程度也有所不同，具体可以分为初步调查和详细调查。一般而言，初步调查是为设计制度纲要服务的，应由设计项目负责人完成；详细调查是为分项设计服务的，应由分项设计人员完成。调查的具体要求是：

（1）拟订调查提纲，明确调查目的和调查内容；

（2）采用适当的调查方法；

（3）深入实际，尽量多地掌握企业的第一手资料；

（4）发现问题，提出解决的办法；

(5) 将调查得到的资料进行归类整理，形成系统的文字资料。

3.1.1 调查提纲的拟订

企业涉税制度设计的调查提纲要形成文字资料，它既可以是条款形式，也可以是表格形式。具体要求如下：

(1) 目的、范围明确；

(2) 内容详细、具体；

(3) 调查问题针对性强；

(4) 明确调查方法和资料来源。

3.1.2 调查方法

制度设计调查的方法很多，设计人员可以通过实地观察、岗位访问、开座谈会、问卷测试、请求有关人员提供书面材料等方法获得涉税制度设计所需的有关资料、信息。下面主要介绍企业涉税制度设计调查时最常用的三种方法：

3.1.2.1 观察法

观察法是指根据预定的目的、计划，对调查对象进行观察，并通过记录、分析有关感性资料进行调查的方法。它是涉税制度设计中常用的调查方法之一。例如对企业的管理状态、生产工艺流程及经营状况、员工的薪酬、企业领导与员工之间的关系等情况，都可以通过观察法来收集资料。从观察的情境条件看，观察法可分为自然观察和实验观察两种。前者是指在自然条件下对调查对象的观察；后者是对某些变量加以控制，在实验中的观察。从观察者所处的位置看，观察法又可分为参与型观察和非参与型观察两种形式。前者是指调查者参与被观察对象的活动；后者是调查者不介入被观察对象的活动。

尽管观察法类型较多，从不同角度出发，采取的步骤也不统一，但从整体上看，观察法主要包括以下步骤和内容：

(1) 观察前的工作。观察前必须做好三项准备工作：

一是确定观察目标：既要确立总体目标，又要包括具体目标。

二是制订观察计划：包括观察的内容、对象、范围、时间、次数、方式、手段以及采用的工具等。

三是拟订观察提纲：观察提纲一般包括观察谁，观察什么，何时观察，何地观察，观察目的等具体内容。为方便使用，观察提纲可制成观察表、卡片等多种形式。

(2) 观察中的工作。在观察中，主要围绕观察计划与提纲进行现场观察。在观察时应注意三点：

一是保持被观察者的自然状态，避免干扰。

二是把观察与思考、分析结合起来，没有思考、没有分析就捕捉不到有用的信息。

三是认真做好观察记录。记录的方式可以多种多样，既可以是事先将观察项目细化为不同的指标体系，按一定方式列出表格，在观察时调查者只需依据判断在表格上画上记号；也可以是对某个重点项目做重点记录；还可以是将观察到的现象、感受和体验等做全面的描述性记录。但不管哪一种形式的记录，都应做到准确客观、全面完整、系统连续。另外，有条件的话，尽可能地做一些摄像和录音。

（3）观察后的工作。观察所得到的事实资料一般比较凌乱和分散，在观察后，必须及时做好三项工作：

一是按预定计划对事实资料进行及时分类、归档和统计。

二是对缺漏、错误记录进行及时修正与追补，使之系统化、准确化。

三是对资料进行分析，撰写观察报告。

3.1.2.2 问卷法

问卷法是以书面提出问题的方式收集资料的一种调查方法。它是涉税制度设计中最常用的调查方法。这种方法主要用统一设计的问卷，要求调查对象对问卷做出填答，从而获得某一群体对某一现象或问题的看法和意见。例如要了解员工对涉税制度的认知程度、不同层级人员对企业涉税管理状况的评价等问题，都可采用问卷法来收集资料。

问卷的形式主要有三种：

（1）封闭型问卷。这种问卷不仅要提出问题，还要提供可选择的答案，只允许答卷者在问卷所限制的范围内进行挑选。这种问卷的题型有是否型、选择型、评判型三种。封闭型问卷具有标准化、简单易行、心理干扰小、回答真实、样本大、便于统计、能解决多因素复杂问题等优点；但也存在缺乏灵活性、指导性、深入性，容易受社会因素的影响等缺点。

（2）开放型问卷。这种问卷只提出问题，不列出答案，让被调查者自由陈述自己的想法。问卷的题型可以是填空式的，也可以是问答式的。开放型问卷具有了解信息全面、灵活度高的优点，但存在样本小、不便统计等缺点。

（3）综合型问卷。这种问卷综合了开放型与封闭型问卷的优点，并弥补各自的不足。这种问卷的设计要以封闭型为主，适当加入若干开放型问题。调查者对于比较确定的问题，用封闭型问题提出：对于尚未明了的问题，或深层次的调查，则采用开放型问题提出。

在使用问卷法收集资料时，应注意以下四点：

一是题量要适当多一些。由于问卷法容易受社会变量的影响，题量太少，容易导致答案失真。因此，问卷应从不同角度多出一些题目，以检验被调查者回答的一致性。

二是问题要便于被调查者回答。问题设计要与被调查者的背景、环境等相适应，并能引起他们积极回答的兴趣。

三是尽量采用封闭型与开放型相结合的综合形式。封闭型试题要按标准化测试的原则进行编拟；开放型问题应具有启发性，有利于被调查者回答。

四是应采取匿名答卷方式。

3.1.2.3 访谈法

访谈法是通过调查者与被调查者直接接触、直接交谈的方式来收集资料的调查方法。这种方法与其他方法相比，具有独特的重要功能，例如与观察法相比，访谈可以直接了解到受访者的思想、心理、观念等深层内容；与问卷法相比，访谈可以直接询问受访者本人对某个问题的看法，并提供机会让被调查者用自己的语言和概念来表达他们的观点。访谈法有较广泛的适应范围，通过访谈得到的信息资料，对企业涉税制度的设计有着重要的参考价值。例如通过对总经理的访谈，可以了解其对涉税制度设计的要求，可以掌握其对涉税权限划分的意见等，这些信息都是进行涉税制度设计时需要重点考虑的因素。

根据访谈结构的控制程度，访谈可分为封闭型、半开放型、开放型；根据访谈规模，访谈又分为个别访谈与集体访谈两种类型。

访谈法的运用过程主要包括如下内容：

（1）设计访谈提纲。无论是哪一种形式的访谈，一般在访谈之前都要设计一个访谈提纲，明确访谈的目的和所要获得的信息，列出所要访谈的内容和提问的主要问题。

（2）恰当进行提问。要想通过访谈获取所需资料，对提问有特殊的要求。在表述上要求简单、清楚、明了、准确，并尽可能地适合受访者；在类型上有开放型与封闭型、具体型与抽象型、清晰型与含混型之分；另外，适时、适度的追问也是非常重要的。

（3）准确捕捉信息，及时收集有关资料。访谈法收集资料的主要形式是“倾听”。倾听可以在不同的层面上进行：在态度上，访谈者应该是“积极关注地听”，而不是“表面地或消极地听”；在情感层面上，访谈者要“有感情地听”和“同情地听”，避免“无感情地听”；在认知层面上，要随时将受访者所说的话或信息迅速纳入自己的认知结构中加以理解和同化，必要时还要与对方进行对话，与对方进行平等的交流，共同构建新的认识。另外，“倾听”还需要遵循两个原则：一是不要轻易打断对方的讲话；二是保持适度的容忍与沉默。

(4) 适当地作出回应。访谈者不只是提问和倾听，还需要将自己的态度、意向和想法及时地传递给对方。回应的方式多种多样，可以是诸如“对”、“是吗”、“很好”、“明白了”等言语行为；也可以是点头、微笑等非言语行为；还可以是重复、重组和归纳总结。

(5) 及时作好访谈记录，一般还要进行录音或录像。

为了使访谈能够有效地顺利进行，还应注意以下八点：

一是事先应对访谈对象有所了解；

二是要尽可能自然地结合受访者当时的具体情形开始访谈；

三是访谈的问题应该是由浅入深、由简入繁，而且要自然过渡；

四是为避免谈话跑题，有时需要进行适当的调节和控制；

五是无论是提问还是追问，问的方式、内容都要适合受访者；

六是在回应中要避免随意评论；

七是访谈者要特别注意自己在访谈中的非言语行为；

八是要讲究访谈的结束方式。

在制度设计调查过程中，不管采用何种调查方法，设计人员都必须把握要领，所收集、掌握的材料应包括批评性意见和建设性意见两类，以此作为设计涉税制度的重要依据之一。

3.2 企业涉税制度的纲要设计

企业涉税制度纲要设计是对所设计的涉税制度作出的总体规划。主要包括明确涉税制度设计的性质、目标、范围和依据，规划各分项设计的内容和要求。设计人员要采用系统分析法，将系统论、信息论和控制论的理论、技术和手段运用于制度纲要的设计之中。在企业涉税管理系统中，母系统与子系统、子系统与子系统之间都是相互联系、相互作用的，但各自又有其独立性。因而企业涉税制度设计就必然呈现出基本制度与具体制度、具体制度与具体制度之间的区别与联系。涉税制度纲要设计要从整体目标出发，制定的涉税制度既要表现横向的结构性，又要表现纵向的层次性。在制度设计上要全面考虑、综合平衡企业与国家、企业与投资者、企业与内部各部门、企业与员工等利益主体之间的关系，以达到制度设计的科学性与系统性。

3.2.1 明确设计的性质、目标、范围和依据

首先，要明确涉税制度设计项目的名称及类型。企业涉税制度设计的性质不同，设计的任务、方法也不同。一般而言，企业涉税制度设计的类型分为全面性设计、局部性设计和修订性设计三种。全面性设计的任务是要构建企业涉税制度的基本框架，建立一套完整的企业涉税制度体系；局部性设计主要是对现有涉税制度体系中欠缺的部分进行具体设计；修订性设计则是对原有涉税制度加以修改而进行设计，以更改部分内容。

其次，要明确涉税制度设计的目标。企业涉税制度设计的目标是企业设计涉税制度所要达到的预期目的，它对于整个设计工作具有导向作用。企业涉税制度设计的一般目标可简单归结为：设计适应企业自身特点和管理要求的涉税制度，用以规范企业涉税行为、处理各种涉税关系。涉税制度设计的具体目标一般由企业涉税负责人首先提出，但这时的设计目标往往比较笼统，一般不能直接作为设计目标。这就要求设计人员接受设计任务后，根据初步提出的目标进行调查研究，将设计目标明确化、具体化。通常这项工作要由设计项目负责人与企业涉税负责人共同研究、反复磋商确定，并在设计过程中不断完善。项目设计目标既是指导涉税制度设计工作的基本依据，也是涉税制度评审验收的基本标准。

再次，涉税制度纲要设计要明确设计的范围和内容。不同性质的涉税制度设计，其设计范围及内容有很大差异。如全面性涉税制度设计的范围比较广泛，内容包括企业的全部税务活动和涉税关系；而局部性涉税制度设计则只针对企业涉税活动或涉税关系的某一部分或某几部分进行设计。

最后，明确企业涉税制度的依据。科学有效的涉税制度是理论与实践的产物。因此，企业涉税制度设计的依据，包括理论依据和实践依据两个方面。理论依据包括现代涉税理论、企业管理理论以及系统论、信息论和控制论的理论和技术；实践依据主要体现在以下四个方面：

（1）国家财税法规是设计企业涉税制度的基本依据；

（2）企业的生产经营特点和管理要求，是涉税制度设计的前提和基础；

（3）企业的根本利益和涉税目标，是涉税制度设计的出发点和归宿；

（4）企业涉税人员的业务素质和涉税管理技术手段，是涉税制度设计中必须考虑的重要因素。

3.2.2 提出各分项设计的内容及要求

（1）分项设计的内容是指各分项制度设计的具体条目，也就是明确

分项制度设计的主要章节。例如，财产盘点制度设计的内容主要有：

①财产盘点的范围、时间与方式；

②财产盘点的要求与组织；

③盘点人员的分工与职责；

④盘点前的准备事项；

⑤盘点结果的审批与处理；

⑥盘点注意事项等。

（2）分项设计的要求主要是指各分项设计的具体原则、方式和方法等。例如，财产盘点制度设计的要求主要有：

①财产盘点的范围要包括企业所有实物资产和货币资金；

②财产盘点的时间要在每月结账日进行；

③财产盘点的方法主要采用实地盘点法；

④财产盘点由涉税部经理负责组织；

⑤库存物资由保管员盘点，材料会计监盘；现金由出纳盘点，资金科长监盘；在产品由车间中转库保管员盘点，车间成本核算员监盘等；

⑥盘点前涉税部门准备好盘点用表格，盘点人员准备好盘点工具等；

⑦盘点结果要报涉税总监审查、总经理审批；等等。

（3）涉税制度纲要设计提出的分项设计的内容和要求，既是分项设计的依据，也是分项设计评审验收的基本标准。

3.2.3　编制工作计划

企业涉税制度纲要设计时需要编制设计工作计划，对整个设计工作的人员分工、时间进度等事项作出安排。设计工作计划的格式如下表所示。

企业涉税制度设计工作计划表

序号	设计项目	设计人	计划开始时间			计划完成时间			实际完成时间			备注
			年	月	日	年	月	日	年	月	日	
1	初步调查											
2	纲要设计											
3	涉税政策及应用制度设计											
4	经济合同管理制度设计											
5	涉税岗位责任制度设计											
6	企业票据管理制度设计											
7	纳税申报控制制度设计											
…	…											
60	项目鉴定验收											

3.3 企业涉税制度的分项设计

分项设计是以详细调查的资料为基础，依据制度纲要设计提出的各分项设计的内容及要求，采用图示、表格、文字等形式为企业涉税活动制定的具体规范。分项设计是供企业有关部门和人员具体执行的涉税制度，是整个涉税制度体系的核心内容。分项设计的具体方法包括各项涉税活动的流程设计，各种表格设计，涉税处理方法文字说明等。

分项设计的基本要求如下：

（1）以纲要设计为依据

纲要设计是对整个项目设计工作作出的全面规划，只有各分项设计都按照纲要设计的规划进行，才能保证总体设计目标的实现。

（2）以详细调查为基础

分项设计出的涉税制度，要求具有很强的适用性。因此，分项设计必须与详细调查相配合，只有通过详细调查取得业务流程的细节情况，才能使设计出的制度更加切合实际。

（3）各项目之间要相互配合

整个设计项目是一个有机联系的整体。分项设计时，必须保持各项目之间的相互衔接，要特别注意各分项制度与基本制度之间、分项制度与分项制度之间的接口，切忌出现相互矛盾的条款。

（4）采用恰当的表述方法

分项设计是设计具体的操作规范，因此，分项设计的方法要根据需要，不拘一格，主要设计标准是通俗易懂、便于理解和执行。要灵活采用表格、图示、文字说明等表述方法，将制度设计得科学、合理和实用。

（5）保持与制度执行者的密切沟通

涉税制度设计是为执行者服务的，因此，在整个制度设计过程中，设计人员要保持与制度执行者的沟通和交流，广泛征求制度执行者的意见，在符合内部控制原则的前提下，尽量满足制度执行者的意见和要求。

3.4 企业涉税制度设计初稿的修改与完善

涉税制度设计的初稿完成后，设计项目组的全体人员应群策群力，共同完成涉税制度的定稿工作。应通过举办专题制度讲解会、将制度设计初稿交给企业有关人员进行评审等多种方式广泛征求修改意见。征求修改意见的方式可采取以下三种。

3.4.1　头脑风暴法

头脑风暴法是一种能够保证群体决策的创造性，有效提高决策质量的方法，可分为直接头脑风暴法（简称头脑风暴法）和质疑头脑风暴法（也称反头脑风暴法）。前者是尽可能激发专家群体决策的创造性，使之产生尽可能多的设想和方案的方法；后者则是对前者提出的设想、方案逐一进行质疑，分析其现实可行性的方法。

3.4.2　名义群体法

名义群体法是在决策过程中各成员独立思考，限制群体讨论的方法。实施名义群体法，也要召集有关人员参加群体会议，但会上的主要活动是互不通气的独立思考，集体讨论是次要的。这样，群体活动便只是名义的了。

3.4.3　制度实验方法

一项制度的制定和实施，往往需要先进行实验，取得经验后，再全面推广，企业涉税制度也不例外。企业涉税制度设计实验的基本要求是：对于涉及管理方法变革、影响面较大的制度实施，应首先在一个部门进行试行；然后根据试行结果对方案进行完善、修改；最后再进行全面推广。在制度试行过程中，要围绕制度设计目标，寻找问题，及时修正，力求制度的尽善尽美。例如：责任会计制度的推行，就可以先在一个分厂或车间进行试行，然后总结经验，全面推开。

经过修改、完善的企业涉税制度，要经过法定程序审批后才能正式颁布实施。

3.5　企业涉税制度设计的内容

3.5.1　设计内容

企业涉税制度涉及企业涉税活动和涉税关系的方方面面，其设计内容主要涉及以下五个方面：

一是明确涉税主体的范围与关系。即要明确企业内部涉税管理的层次；明确企业内部经营单位之间及与企业涉税部门之间的涉税关系；明确企业与联营单位、投资与被投资单位、内部承包单位的涉税关系等。

二是设置涉税管理组织体系。包括涉税管理体制的确立；涉税机构的设置；涉税管理岗位的设立；各岗位的责权利及其相互衔接关系等。

三是规范涉税管理的内容与方法。包括货币资金、存货、固定资产、成本管理、销售收入、利润分配等涉税事项的管理内容、管理办法和程序，以及固定资产折旧方法、存货计价方法、费用提取标准等方法的选择。

四是制定企业内部涉税控制规范。包括资产控制、负债控制、权益控制、涉税风险控制、成本费用控制等内容。

五是规定企业涉税报告与涉税评价的方法与程序。包括涉税报告与涉税评价的程序、方法和时间，各相关部门在涉税评价中的任务和责任等。

根据企业涉税活动的过程、性质及其相对应的涉税关系，可以将企业涉税制度设计的内容细分为涉税管理体制、涉税基础工作等16个部分。企业涉税制度的各个部分既密切联系，又相对独立，构成了完整的企业涉税制度体系。本书第4章的内容就是以此为主线，介绍了12个企业涉税制度案例。

3.5.2 涉税管理体制

3.5.2.1 企业的涉税管理体制

主要包括：

（1）确定企业涉税管理模式。

（2）确定涉税管理机构的设置形式。

（3）明确企业各层级涉税管理机构的隶属关系及权责。

3.5.2.2 企业股东（大）会在涉税管理上的权责

主要包括：

（1）审核并批准企业税收规划和税收预算方案。

（2）监督企业纳税义务的履行情况。

（3）审核并批准涉税制度。

（4）沟通协调税企关系等。

（5）规划企业税务文化。

3.6 企业涉税制度设计的注意事项与案例架构

3.6.1 企业涉税制度设计的注意事项

3.6.1.1 企业涉税制度设计的形式

企业涉税制度设计的具体形式可根据企业的规模、制度内容和管理需要而定。既可以以基本涉税制度的形式为企业设计一个总的涉税制度；也可以按照具体涉税事项、具体涉税内容单独制定若干个单项企业涉税制度。对于大中型企业而言，由于企业的涉税活动和涉税关系比较复杂，涉税管理职责分工也较为细致，为了便于涉税制度的贯彻执行，应在设计基本涉税制度的基础上，详细制定有关单项涉税制度。各单项涉税制度既要自成体系，又要与整体涉税制度相互连接、浑然一体，以确保整个企业涉税制度的完整性和系统性。

3.6.1.2 单项企业涉税制度设计的原则

单项企业涉税制度的设计应根据本企业生产经营活动和管理要求合理确定，有所为，有所不为。例如，涉外经济业务较多的企业，就需要单独设计外币业务的涉税制度，从外币折算汇率的确定、外币收支的管理、外币账户的调整、外币的兑换到汇兑损益的计算确认等，都要作出详细的规定；而没有涉外经济业务或涉外经济业务较少的企业可以将外币业务纳入货币资金管理制度项下，只作一般规定。再如，基建技改活动比较多的企业，应单独设计在建工程管理制度，详细规定基建技改项目从可行性研究、立项、施工，到竣工、转资的一系列涉税制度；而没有基建技改活动或基建技改活动较少的企业可以将在建工程管理并入固定资产管理制度之中，如此等等。

3.6.1.3 合理确定企业的涉税政策与会计政策

企业制定涉税制度，应将国家赋予企业的各项理财自主权落到实处。目前，我国政府出台的涉税制度与会计制度，对很多涉税政策、会计政策只是作了一些原则性规定，允许企业根据具体情况进行具体选择。例如，对坏账损失的处理办法，存货领用或发出的计价办法，低值易耗品的摊销方法，固定资产的折旧年限、折旧方法、残值率的确定，固定资产修理费用的核算办法，无形资产、长期待摊费用的摊销期限，等等。企业在设计涉税制度时，要特别注意这些环节，选择的涉税政策与会计政策既要严格遵循国家统一规定，又要满足生产经营的合理需要，还要考虑企业的承受能力，保持涉税政策与会计政策的稳定性和连续性。

3.6.1.4 涉税制度与会计制度的关系问题

涉税制度与会计制度的关系是多年来在理论界争论不休的课题，目前，比较权威的观点是"涉税制度管钱、会计制度管账"。然而，一个不争的事实是：目前我国实务界的涉税与会计是密不可分的，企业的涉税会计工作者也很少有人去关心哪是涉税制度，哪是会计制度，而且很多制度是将涉税规范与会计规范整合在一起的。鉴于此，我们本着实质重于形式的原则，在本书的涉税制度案例中也没有严格划分涉税制度与会计制度，表现在部分涉税制度中也掺杂着诸如会计分录的处理等会计规范。

3.6.1.5 关于企业涉税制度的共性与特性问题

企业涉税制度的共性体现在涉税制度的规范性上，涉税制度设计必须依据国家的有关法律法规，凡是国家有硬性规定的条款，企业设计涉税制度时都必须严格遵循，不能超越或突破，只有这样，才能确保国家涉税法规的有效实施。企业涉税制度的特性体现在涉税制度的适用性上，企业涉税制度是企业业务活动的指南，不同的企业，生产规模、经营方式、组织形式、管理理念不尽相同，其涉税活动的方式、方法也不可能完全一致。因此，企业涉税制度的设计要“量体裁衣”，既要遵循国家统一规定，也要充分考虑企业自身的生产经营特点和管理要求，只有这样，才能确保设计的涉税制度具有较强的适用性和可操作性。

3.6.2 企业涉税制度设计案例的架构

本书第4章实践篇，重点讲解涉税制度案例，是以笔者在涉税制度建设实践中亲自制定的企业涉税制度为原型，经过加工整理选入的。案例共分14个部分，企业可结合本单位实际情况搭建涉税制度框架体系。以下主要内容可供参考：

（一）企业税务经理岗位职责

主要介绍税务经理的岗位21条职责。

（二）税负估算与分析制度设计

阐述了税收负担的指标体系。描述了税收负担的指标体系。税负估算与分析制度建设意义和特点，内容包括：税负估算与分析制度意义和特点、税负估算的数理方法以及税负估算与分析制度设计要点及案例。

（三）税收政策执行与应用制度设计

阐述了规范性文件适用问题、税收政策执行与应用制度设计要点及应用案例。

（四）企业所得税台账制度设计

主要介绍了企业应建立所得税纳税调整台账及意义，阐明了企业所得税纸质台账和电子台账制度设计要点，并对三则案例进行分析。

（五）企业纳税申报控制制度设计

介绍了企业纳税申报中普遍存在的问题与违反纳税申报的法律责任，说明其制度建设必要性，阐述了企业纳税申报质量控制制度设计要点并提供制度范本及应用案例。

（六）纳税风险预警制度设计

主要介绍风险的性质、企业纳税风险及危害性，阐述了纳税风险预警制度设计要点汇总了居民企业与非居民企业涉税风险点，提供了范本与制度应用案例。

（七）企业纳税成本控制制度设计

主要介绍企业税收成本的界定与特征，影响企业税收成本因素的分析，企业税收成本的特征。阐述了企业税收成本失控及原因分析，描述了企业税收成本控制意义重大，介绍了纳税成本控制制度设计要点，提供若干纳税成本控制范本及应用案例。

（八）企业票据（发票）管理制度设计

介绍了票务管理在企业财务管理中占有十分重要的地位，管理都是企业的命脉。阐述了票务管理涉税制度设计要领和要点，对跨年取得发票的财务和税务处理和分析，最后作了分析结论。

（九）经济合同审核管理制度设计

主要介绍经济合同审核管理制度的重要意义，阐述了制度的设计要点，另外通过案例进行分析说明，最后通过合同范本体现。

（十）关联交易涉税管理制度设计

关联交易涉税管理制度的重要意义，阐述了关联交易涉税管理制度设计要点。

（十一）纳税争议解决调处制度设计

介绍纳税争议的解决调处制度的意义、解决纳税争议的理念、途径、方式方法。阐述了纳税争议解决调处制度设计要点，另外还列举了案例，并对其分析，最后通过范本《商品房质量缺陷及财税处理》体现。

（十二）涉税资料档案保管保密制度设计

主要介绍了涉税资料档案保管保密制度的意义，阐述了制度要点，包括内容种类，备案要求，保管期限，查询管理，销毁办法与文件作废处理，档案安全策略，数字化涉税档案管理方案，以及保密维权和案例分析。

（十三）企业税务文化制度设计

阐述了税务文化的层级结构体系。描述了企业税务文化的制度设计要点，包括企业税务文化建设的原则，企业税务文化的制度的内容以及企业税务文化建设的途径。

（十四）涉税制度的执行与反馈制度设计

分析了制度不能得到很好执行的原因。总结了如何有效提高涉税制度执行力，还介绍了制度设计要点。内容有制度执行环境与保障、信息与沟通；制度执行检查与考评；涉税过错的责任追究；制度修正与创新，最后通过一则案例看制度创新。

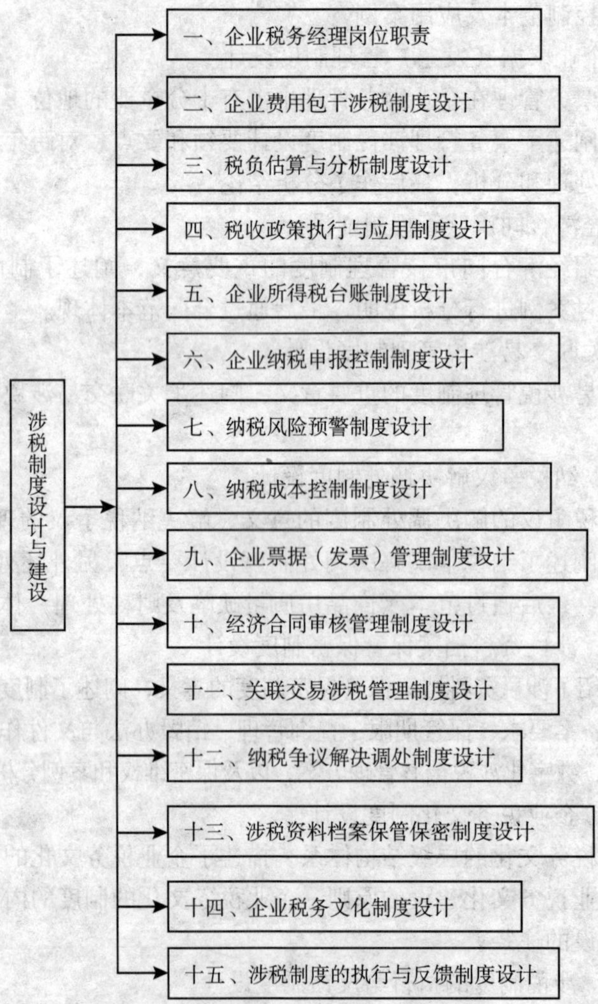

企业涉税制度设计内容体系示意图

国瑞鼎泰温馨提示：

1. 调查是整个涉税制度设计工作的重要基础。在企业涉税制度设计的不同阶段，调查的内容和详细程度也有所不同，具体可以分为初步调查和详细调查。涉税制度设计调查时最常用的三种方法：观察法、问卷法、访谈法。

2. 企业涉税制度纲要设计是对所设计的涉税制度作出的总体规划。主要包括明确涉税制度设计的性质、目标、范围和依据，规划各分项设计的内容和要求。设计人员要采用系统分析法，将系统论、信息论和控制论的理论、技术和手段运用于制度纲要的设计之中。

3. 分项设计是以详细调查的资料为基础，依据制度纲要设计提出的各分项设计的内容及要求，采用图示、表格、文字等形式为企业涉税活动制定的具体规范。是整个涉税制度体系的核心内容。分项设计的具体方法包括各项涉税活动的流程设计，各种表格设计，涉税处理方法文字说明等。

4. 涉税制度设计的初稿完成后，设计项目组的全体人员应群策群力，共同完成涉税制度的定稿工作。应通过举办专题制度讲解会、将制度设计初稿交给企业有关人员进行评审等多种方式广泛征求修改意见。应重点应用名义群体法。

5. 企业涉税制度设计的具体形式既可以以基本涉税制度的形式为企业设计一个总的涉税制度；也可以按照具体涉税事项、具体涉税内容单独制定若干个单项企业涉税制度。注意涉税制度与会计制度的关系问题以及企业涉税制度设计的共性与特性问题。

第 4 章

实践篇

本章是本书的重点内容。阐述企业税务部门岗位工作职责制度设计、企业所得税台账制度设计等 12 个涉税制度设计要点、设计提纲和企业主要节点的涉税制度设计例解。

4.1 涉税制度设计要点

4.1.1 税负估算与分析工作制度设计

（1）应测算企业实际税收负担率
（2）了解同行业平均税负
（3）计算企业平均税负
（4）掌握税务机关的纳税评估的预警值
（5）比较企业实际税负与预警值的差异
（6）寻找税负偏高与偏低的原因
（7）研究税负对生产经营影响
（8）提出降低税负的途径对策建议
（9）利用税负进行税收策划
（10）写出税负分析报告

4.1.2 税收政策的执行与应用制度要点

（1）明确税收政策法规多渠道定期收集途径及技巧
（2）税收政策学习与理解
①税务行政解释
②企业如何进行税收政策宣传
③通过案例透视税收政策的贯彻与应用技巧
④过渡期税收政策的衔接
⑤税收文件更新与清理技巧
（3）提高税收政策的水平的路径
（4）利用税收政策工具开展税收筹划

4.1.3　企业所得税台账制度设计

(1) 纸质台账设计

①跨年度所得确认管理台账

②经济合同登记备查台账

③暂时性差异项目管理台账

④财产损失税前扣除管理台账

⑤亏损弥补管理台账

⑥扣缴企业所得税台账

(2) 电子台账设计

(3) 台账制度考核的主要内容

4.1.4　企业纳税申报控制制度设计

(1) 明确企业纳税申报应进行质量控制环境分析

(2) 明确企业所得税纳税申报的基本要求

(3) 识别企业所得税汇算清缴中的主要风险及其产生根源

(4) 纳税控制战略的指导思想

(5) 纳税控制战略规划的工作组织与方法步骤

(6) 纳税控制战略规划的具体内容

(7) 企业纳税申报控制制度的具体方法

(8) 企业纳税申报控制的主要工具

4.1.5　纳税风险预警制度设计

(1) 描述纳税风险控制环境

(2) 建立纳税风险评估体系

(3) 定期进行风险识别

(4) 明确纳税风险评估的步骤

(5) 定期进行纳税风险关键因素原因分析

(6) 研究税务风险管理的策略

(7) 研究涉税风险控制基本办法

(8) 涉税风险控制具体规范

(9) 涉税风险控制具体流程

(10) 做好纳税调整

(11) 建立税企沟通渠道

(12) 运用法律手段维护合法权益与防范税务风险

4.1.6　纳税成本控制制度设计

(1) 明确纳税成本控制主体

（2）明确纳税成本控制客体

（3）明确纳税成本控制规范

（4）明确纳税成本控制程序

（5）明确纳税成本控制内容

（6）运用科学系统的成本控制工具和方法降低税收成本

（7）寻求降低税收成本的途径

4.1.7 企业纳税成本控制制度设计

（1）了解法律法规对票据的规定以及主管税务机关的具体要求

（2）企业中有从其他单位取得发票的工作人员都应该具备判断发票的基本常识

（3）单位收取按税收法律、法规规定不征收营业税款项的情况应开具非经营收入发票

（4）支付境外费用，应要求其提供境外公证机构或者注册会计师的确认证明，经税务机关审核认可后，方可作为记账核算的凭证

（5）企业预收款项应正确使用税务机关监制的收款收据或预收款凭证

（6）明确企业应严格票据开具和取得的时间界限

（7）企业应凭合法有效扣税凭证进行纳税申报

（8）明确运输发票抵扣增值税应注意事项

（9）要按规定正确处理丢失发票

（10）电子票据应持谨慎原则使用并确保信息的安全性

（11）企业应规定申请代开发票的情形

（12）购销合同必须注意发票风险防范

（13）明确应及时正确处理跨年度取得的发票

（14）几种特殊情况的规定

（15）应用发票工具进行筹划

4.1.8 经济合同审核管理制度设计

（1）明确经济合同的财务职责与授权批准

（2）经济合同管理制度框架

（3）经济合同与印花税的关系

（4）明确合同签订过程中的注意税收问题

（5）明确经济合同按要素逐项加以审核

（6）利用经济合同进行涉税策划

4.1.9 关联交易涉税管理制度设计

（1）定义关联交易及关联方

（2）明确关联交易遵循原则

（3）规定关联交易信息披露必须符合准则要求

（4）努力创造条件实施预约定价制度

（5）明确转让定价必须符合税法规定

（6）优化权益资本和债务资本比例，防范潜在税收风险

（7）合理把握成本分摊协议

（8）明确关联交易同期资料保管与申报必须符合税法要求

（9）积极应对受控外国企业管理规定，防范潜在税务风险

4.1.10　纳税争议解决调处制度设计

（1）解决税务争议的理念

（2）解决税务争议的途径选择

（3）解决税务争议的方式方法

（4）解决税务争议决策前应分析风险

（5）要善于用法律武器维护自身权益

（6）应用调处机制规避税收风险。

4.1.11　涉税资料档案保管保密制度设计

（1）内容和种类——涉税业务证明材料

（2）备份要求

（3）备案税收法律要求

（4）借阅查询管理程序

（5）销毁办法与作废文件的处理

（6）档案安全策略

4.1.12　企业税务文化制度设计

（1）企业税务文化建设的原则

（2）企业税务文化制度的内容

（3）企业税务文化建设的途径

4.2　主要节点的涉税制度设计例解

4.2.1　企业税务部门岗位工作职责制度设计

税务管理模式集团化公司应制定和完善企业税务风险管理制度和其他涉税规章制度，成立税务部，设立税务经理岗位，集团旗下各子公司应明确专职的办税人员。有条件的企业集团可以聘请税务顾问。税务经理在集团税务顾问的专业指导下和财务总监的直接领导下开展工作。集团各下属

分（子）公司的办税员在集团税务部的专业指导下和所在单位负责人的直接领导下开展工作。集团下属各（子）公司对弥补亏损、财产损失等税务鉴证等事项，可以委托所在地税务师事务所专职代理。税务部工作职责具体如下：

（1）收集并更新本集团适用税收政策，解读并及时传递相关下属公司贯彻执行；

（2）解答企业内部相关部门的事前咨询、下属分（子）公司日常咨询；

（3）定期组织下属公司办税员举办税务专题培训；

（4）指导各分（子）公司办理纳税申报、税务审批、税务备案事项；

（5）参与公司重大投资、经营决策，设计纳税方案，参与重大经济合同起草；

（6）指导下属公司办税员审核日常经济合同；

（7）定期组织、指导下属公司开展纳税自查自纠工作；

（8）对税务稽查结果进行论证；

（9）协调纳税争议；

（10）指导下属公司加强领购发票的使用和保管工作，对外来发票凭证的合法性进行审核；

（11）规范税务档案管理，承担或协助相关职能部门开展纳税申报、税款缴纳、账簿凭证和其他涉税资料的准备和保管工作；

（12）积极关注税制改革趋势，分析税制改革、政策调整对公司税负的影响；

（13）与税务机关保持有效的信息沟通，对税收政策疑难及时书面请示和反馈相关信息；

（14）与工商、国土部门等其他主管部门保持有效的信息沟通，及时收集和反馈相关信息；

（15）与客户单位的财务、税务部门进行有效的信息沟通，协调双方税务争议；

（16）与税务师事务所、会计师事务所等中介机构进行有效的信息沟通，及时收集和反馈相关信息；

（17）建立税务风险管理的内部信息与沟通制度，明确税务相关信息的收集、处理和传递程序，确保企业税务部门内部、企业税务部门与其他部门、企业税务部门与董事会、监事会等企业治理层以及管理层的沟通和反馈，发现问题应及时报告并采取应对措施；

(18) 税收统计分析，出具分析报告，供管理层决策参考；

(19) 对各分（子）公司全年税务管理工作进行绩效考评与责任追究；

(20) 其他税务风险管理职责。

4.2.2　企业研发涉税制度设计例解——研发部门与税务部门的信息沟通机制

4.2.2.1　制度要点

企业研发涉税制度设计关键是要建立信息与沟通机制，以确保正确研发费用核算和税前加计扣除及摊销。建立信息与沟通涉税制度要点如下：

(1) 企业应建立税务风险管理的信息与沟通制度，明确税务相关信息的收集、处理和传递程序，确保企业税务部门内部、企业税务部门与其他部门、企业税务部门与董事会、监事会等企业治理层以及管理层的沟通和反馈，发现问题应及时报告并采取应对措施。

(2) 企业应与税务机关和其他相关单位保持有效的沟通，及时收集和反馈相关信息。

①建立和完善税法的收集和更新系统，及时汇编企业适用的税法并定期更新；

②建立和完善其他相关法律法规的收集和更新系统，确保企业财务会计系统的设置和更改与法律法规的要求同步，合理保证会计信息的输出能够反映法律法规的最新变化。

(3) 企业应根据业务特点和成本效益原则，将信息技术应用于税务风险管理的各项工作，建立涵盖风险管理基本流程和内部控制系统各环节的风险管理信息系统。

①利用计算机系统和网络技术，对具有重复性、规律性的涉税事项进行自动控制；

②将税务申报纳入计算机系统管理，利用有关报表软件提高税务申报的准确性；

③建立年度税务日历，自动提醒相关责任人完成涉税业务，并跟踪和监控工作完成情况；

④建立税务文档管理数据库，采用合理的流程和可靠的技术对涉税信息资料安全存储；

⑤利用信息管理系统，提高法律法规的收集、处理及传递的效率和效果，动态监控法律法规的执行。

(4) 企业税务风险管理信息系统数据的记录、收集、处理、传递和保存应符合税法和税务风险控制的要求。

4.2.2.2　典型示例——研发支出企业应明确划分研究阶段与开发阶段

正确处理经济业务一方面依赖于会计人员对会计核算方法的掌握，另一方面依赖会计人员对企业实际经济业务的了解，只有会计人员熟悉产品的生产流程，才能将会计准则中会计人员的职业判断标准落实到实际中，否则就会导致会计核算和现实不符的情况。而新准则对研究阶段和开发阶段的划分没有明确的规定，会计人员的判断方法主要有以下两点。

（1）会计人员应当实地了解企业研发活动

根据新准则的规定，当研发支出发生时，会计人员必须根据实际情况判断是属于研究阶段的支出还是开发阶段的支出，为企业会计核算提供更加详细、更加合理的依据；但现阶段经常有会计人员和研发人员沟通不到位，或会计人员因自身的素质无法正确理解研发活动的进展情况，影响了企业研发支出的会计处理。企业应当增强内部人员沟通，提供会计人员与研发人员的沟通机会，了解研究开发活动特点、基本研发过程以及取得的实质性进展，从而使会计人员能够明确划分研究阶段和开发阶段。

（2）对企业研发活动应实行项目管理

项目管理是指项目管理者按照客观要求，在有限的资源条件下，运用系统工程的观点、理论和方法，对项目涉及的全部工作进行管理，实现管理目标。对企业的研发活动进行项目管理，即对每一开发项目都要进行项目可行性研究、申报批准，确定项目预算，设置项目编号、项目负责人来管理，供会计部门进行会计处理，并且以项目的批准为界限将研发项目分成研究与开发阶段，同时作为研究开发支出的划分点，区分研究阶段支出与开发阶段支出，以规范新准则研发支出会计处理中的实务操作。

（3）相关部门应该对内部研发的无形资产的确认有更清楚的说明

关于开发阶段确认为支出的条件中规定，必须提供产品和无形资产本身有市场价值的证明。此条件在实际操作中存在一定难度，由于产品或无形资产本身的市场前景存在较大的不确定性，对于此类认定更多依赖于人的主观判断，缺乏客观性和公允性。也容易丧失不同企业的可比性基础。

4.2.3　企业借款制度设计例解

4.2.3.1　涉税条款设计要点

（1）职工借款后，不按本制度规定办理还款手续的，一律视为挪用公款，并按以下办法给予处罚。

①超过购货发票日期及超过最后一天住宿日期或回本地车船票日期十天，未还清借款的，从第十一天开始，按日计收1‰的罚息。由财务部门

出具收据，从借款人工资或报销的费用中扣除。罚息计算公式如下：

罚息数额 = 借款金额 × 1‰ × 超期天数

②职工出差回本地后超过一个月未到财务部门办理结算手续的，除执行罚款外，取消其享受出差补助费的资格。

注解："取消其享受出差补助费的资格" 涉税条款，既有刚性，又有柔性。较人性化的管理制度能防范财务陷入被动局面。

（2）人事部门对于有辞退意向和调出意向的员工，应事先通知财务部，待其还清所有借款后，再履行相关手续。

注解：部门配合，信息沟通机制。

（3）员工借款的报销应取得合法的报销票据，部门负责人审核其业务合理性后，财务部门审核票据的合法性，并经总经理核准后，进行会计处理。

注解："合法有效的凭证" 是税法的刚性要求。涉税管控关口前移，革除后遗症。

（4）企业向除第一条规定以外的内部职工或其他人员借款，应不具有非法集资目的或其他违反法律、法规的行为且应签订借款合同。

注解：该条款与国税函〔2009〕777 号《国家税务总局关于企业向自然人借款的利息支出企业所得税税前扣除问题的通知》对接。该借款合同不属于印花税条例列举的应税范围，不征印花税。

（5）工程周转金借款，实行 "前账不清，后款不借" 原则。报销还款时，必须取得合法的报销票据符合《公司拨付工程款规定》，按报销规定程序报销。

注解：实行 "前账不清，后款不借" 原则是规范财务管理的基本要求。

4.2.3.2　典型示例

【案例 4－1】a 公司打款给 b 公司，由 b 公司向 c 公司进行投资，纯法律意义上，只能算 b 公司为 c 公司的股东，但是实质上该笔投资为 a 公司所有。在这种情况下，b 公司收到 c 公司的分红属于免税收入，后支付给 a 公司，a 公司是否应当缴纳企业所得税。后 b 公司处置对 a 公司的投资，实质上处置收入应当给 a 公司，企业所得税应当在哪个环节缴纳，a、b 公司应当缴纳什么税，是否存在双重缴纳企业所得税的事情。

问：假设我方是 a，能否向 b 公司进行增资，作为 b 公司的股东，然后企业所得税在 b 公司缴纳后通过分红的方式分到 a 公司（分红比例按照股东各方进行另行约定，因为新的公司法已经规定，分红不一定严格按照出资比例进行分配)；或者不通过增资 b 公司的模式，而通过合同违约金的方式将 b 公司属于 a 公司的收益转移至 a 公司缴纳。

答：资金采取“集团公司统一融资，所属企业申请使用”的资金管理模式，企业从其关联方接受的债权性投资与权益性投资的比例应控制在 2∶1 范围内。

注解：

1. 统借统贷利息支付税收政策法律依据为国家税务总局的有关规定：

《企业所得税法》第四十六条规定：“企业从其关联方接受的债权性投资与权益性投资的比例超过规定标准而发生的利息支出，不得在计算应纳税所得额时扣除。”

财政部、国家税务总局《关于企业关联方利息支出税前扣除标准有关税收政策问题的通知》（财税〔2008〕121 号）具体规定了其接受关联方债权性投资与其权益性投资的比例，即金融企业为 5∶1，其他企业为2∶1。

《企业所得税法实施条例》第三十八条第二款规定，企业在生产经营活动中发生的下列利息支出，准予扣除：非金融企业向非金融企业借款的利息支出，不超过按照金融企业同期同类贷款利率计算的数额的部分。

国家税务总局《关于中国农业生产资料集团公司所属企业借款利息税前扣除问题的通知》（国税函〔2002〕837 号）规定，集团公司统一向金融机构借款，所属企业申请使用，只是资金管理方式的变化，不影响所属企业使用银行信贷资金的性质，不属于关联企业之间的借款。因此，对集团公司所属企业从集团公司取得使用的金融机构借款支付的利息，不受《企业所得税税前扣除办法》第三十六条“纳税人从关联方取得的借款金额超过其注册资本 50% 的，超过部分的利息支出，不得在税前扣除”的限制。凡集团公司能够出具从金融机构取得贷款的证明文件，其所属企业使用集团公司转贷的金融机构借款支付的利息，不高于金融机构同类同期贷款利率的部分，允许在税前全额扣除。

《房地产开发经营业务企业所得税处理办法》（国税发〔2009〕31 号）第二十一条规定，企业集团或其成员企业统一向金融机构借款分摊集团内部其他成员企业使用的，借入方凡能出具从金融机构取得借款的证明文件，可以在使用借款的企业间合理地分摊利息费用，使用借款的企业分摊的合理利息准予在税前扣除。该文件将统借方由集团企业扩大至其他成员企业。

2. 可以全额税前扣除。按照上述文件的规定，下属各公司向集团公司拆借统借来的资金并支付利息，满足以下 3 个条件就可全额扣除：

一是不高于金融机构同类同期贷款利率计算的数额以内的部分；

二是集团公司能够出具从金融机构取得贷款的证明文件；

三是借款符合统一借款的概念。也就是说，不论下属公司向集团公司借款多少，只要满足以上 3 个条件，支付的利息就可全额扣除，而不被视为关联企业之间的借款，不受关联债资比例的限制。

3. 统借统贷不受财税〔2008〕121 号文件关于关联方债资比例的约束。

《企业所得税法实施条例》第一十九条对债权性投资和权益性投资的范围进行了原则性地界定。根据该条规定，从关联方获得的债权性投资是指企业从关联方获得的需要偿还本金和支付利息或者需要以其他具有利息性质的方式予以补偿的融资。从获得方式上，债权性投资既包括直接从关联方获得的债权性投资，又包括间接从关联方接受的债权性投资。其中间接从关联方获得的债权性投资包括：（1）关联方通过无关联第三方提供的债权性投资。（2）无关联第三方提供的、由关联方担保且负有连带责任的债权性投资。（3）其他间接从关联方获得的具有债务实质的债权性投资。这里有一个问题值得关注，因金融工具日益繁多，实施条例对债权性投资的界定比较宽泛，因此企业应更关注投资实质。间接债权投资的第（1）种情况主要是指关联委托贷款；第（2）种情况主要是指关联方担保贷款；而情况（3）主要是指名义上不称为借款，但实质属于负债性质的情况，如购买关联方发行的可转换债券或者股权等。而关联方之间的统借统贷虽从名义上看属于从关联方获得的需要偿还本金和支付利息的方式予以补偿的融资，但从实质上看还是属于向金融机构的融资，并且没有被列入关联方间接债权性投资的范围。因此，统借统贷不属于关联债权投资，不受财税〔2008〕121 号文件关于关联方债资比例的约束。

4. 统借统贷利息支付的营业税的处理。

根据《财政部、国家税务总局关于非金融机构统借统还业务征收营业税问题的通知》（财税字〔2000〕7 号）的规定，对企业主管部门或企业集团中的核心企业等单位向金融机构借款后，将所借资金分拨给下属单位（包括独立核算单位和非独立核算单位），并按支付给金融机构的借款利率水平向下属单位收取用于归还金融机构的利息不征收营业税。如果统借方将资金分拨给下属单位，不得按高于支付给金融机构的借款利率水平向下属单位收取利息，否则，将视为具有从事贷款业务的性质，应对其向下属单位收取的利息全额征收营业税。

4.2.4 费用包干制度设计例解

4.2.4.1 涉税条款设计要点

(1) 企业实行差旅费包干应主动向主管地方税务机关申请审批或备案。

注解：企业申请实行差旅费包干，需提供《差旅费包干申请报告》、《差旅费包干方案》、企业上年或以往年度出差到不同类别地区的差旅费实际支出凭证及相关资料，填报《差旅费包干审批表》（一式三份）。企业《差旅费包干方案》要按出差到不同类别地区制定不同的差旅费包干标准。

(2) 企业对经批准实行差旅费包干的差旅费支出审查确认时，应以出差人员的汽车票、火车票、飞机票等真实合法的票据和有关资料为依据，据以证明出差人数、地点和天数，以此确认差旅费包干费用支出。

注解：差旅费包干仍需要合法有效的凭证方能税前扣除。实行包干制最好也将相应的票据贴上，一是作为出差的证明，二是免缴个人所得税的证明。出差住宿实行包干制标准，属于财务制度的规定，税法没有规定。出差补贴，应凭车船票、住宿发票报销，凡直接造册领取现金的，应计入工资，计征个人所得税。

(3) 私车公用应签订租赁合同并提供租赁业发票。

注解：租赁费应凭发票列支，具体扣除项目应看合同，但是汽车折旧、车船税、强制性保险、养路费不可以扣除。

根据《北京市地方税务局关于明确若干企业所得税业务政策问题的通知》（京地税企〔2003〕646号）的规定，对纳税人因工作需要租用个人汽车，按照租赁合同或协议支付的租金，在取得真实、合法、有效凭证的基础上，允许税前扣除；对在租赁期内汽车使用所发生的汽油费、过路过桥费和停车费，在取得真实、合法、有效凭证的基础上，允许税前扣除。其他应由个人负担的汽车费用，如车辆保险费、维修费等，不得在企业所得税税前扣除。

(4) 企业员工通讯费、交通补助费发放或包干标准应符合当地税务部门的政策规定，并应按税法规定代扣代缴个人所得税。

注解：企业员工通讯费报销问题一直令企业财会人员烦恼不已：本应与企业经营相关的员工通讯费用往往不能正常在企业所得税税前列支，甚至要缴纳个人所得税，处理起来麻烦多多。

①2003年4月24日，国家税务总局颁发《国家税务总局关于执行

〈企业会计制度〉需要明确的有关所得税问题的通知》（国税发〔2003〕45号），其中提到“企业发给职工与取得应纳税收入有关的办公通讯费用标准，由省级国税局、地税局协商确定。”个人所得税方面根据广东省地税局2004年9月10日颁发的《转发国家税务总局关于执行〈企业会计制度〉需要明确的有关所得税问题的通知》（粤地税函〔2004〕547号）规定，企业发给职工与取得应税收入有关的办公通讯费，按照主要负责人（指高层管理人员，包括总经理、副总经理、总会计师以及在本单位受薪的董事会成员）每人每月500元，其他人员每人每月300元的额度内凭发票据实扣除，超过上述规定范围和标准为职工报销的办公通讯费用，或以办公通讯费名义发放给职工的现金补贴以及为未签订劳动合同的职工报销的办公通讯费用，应作为工资薪金支出处理

②企业所得税处理：国、地税有别

国税规定：没有限额但限用途。根据广东省国家税务局《转发国家税务总局关于执行〈企业会计制度〉需要明确的有关所得税问题的通知》（粤国税发〔2004〕79号）规定，企业依据电信部门的发票为已签订劳动合同的本企业职工报销的与取得应税收入有关的办公通讯费用，准予税前扣除；企业以办公通讯费名义发放给职工的补贴以及为未签订劳动合同的职工报销的办公通讯费用，应作为工资薪金支出。

地税规定：限额限用途。地税关于通讯费在企业所得税税前的报销也按广东省地方税务局《转发国家税务总局关于执行〈企业会计制度〉需要明确的有关所得税问题的通知》（粤地税函〔2004〕547号）规定执行，超过500/300标准和“以办公通讯费名义发放给职工的现金补贴以及为未签订劳动合同的职工报销的办公通讯费用”作为工资薪金支出，一般来说内资企业税前列支的工资限额是不够用的，也就是超过标准的通讯费用不能在所得税前列支。另外，企业还要报送通讯费报销方案给地税局备案。

（5）职工报销的旅游费要区分内部职工与外部职工分别按工资薪金和劳务报酬履行代扣代缴个人所得税义务。

注解：按照财政部、国家税务总局《关于企业以免费旅游方式提供对营销人员个人奖励有关个人所得税政策的通知》（财税〔2004〕11号）规定，企业和单位对营销业绩突出人员以培训班、研讨会、工作考察等名义组织旅游活动，通过免收差旅费、旅游费对个人实行的营销业绩奖励（包括实物、有价证券等），应根据所发生费用全额计入营销人员应税所得，依法征收个人所得税，并由提供上述费用的企业和单位代扣代缴……

(6) 企业应按规定及时取得费用开支的发票，防止跨年度报销费用。

注解：根据《中华人民共和国企业所得税法实施条例》（国务院令2007年第512号）第九条规定，企业应纳税所得额的计算，以权责发生制为原则，属于当期的收入和费用，不论款项是否收付，均作为当期的收入和费用；不属于当期的收入和费用，即使款项已经在当期收付，均不作为当期的收入和费用。本条例和国务院财政、税务主管部门另有规定的除外。实务中经常会涉及跨期费用的处理，通常对于跨月不跨年的费用，财税部门的监管相对较松，但对于跨年费用往往口径较紧，企业在汇算清缴时应该将跨年费用作适当调整，使其符合权责发生制原则。

(7) 禁止员工没有发票报销费用或报销票据为个人名头的个人通讯费等支出。

注解：《关于加强企业所得税管理若干问题的意见》（国税发〔2005〕50号）明确规定，企业超出税前扣除范围、超过税前扣除标准或者不能提供真实、合法、有效凭据的支出，一律不得税前扣除。

关于通讯费的税前扣除。从2008年1月1日开始，企业根据其自身的相关规定发放的与取得应纳税收入有关的办公通讯补贴，计入职工工资薪金，按工资薪金税前扣除的规定处理。票据为个人名头的个人通讯费支出不允许在企业所得税税前扣除。

(8) 企业取得国外票据应提供境外公证机构或者注册会计师的确认证明。

注解：根据《中华人民共和国发票管理办法》第三十四条的规定，单位和个人从境外取得的与纳税有关的发票或者凭证，税务机关在纳税审查时有疑义的，可以要求其提供境外公证机构或者注册会计师的确认证明，经税务机关审核认可后，方可作为记账核算的凭证。

(9) 公司以私人名义买的车发生的费用不能作为企业的费用支出在企业所得税税前扣除。

注解：公司以个人名义购买汽车等固定资产，由于其产权归个人而不归企业所有，所以不能作为该企业的固定资产管理，所发生的费用不能作为企业的费用支出在企业所得税税前扣除。如果是以公司的名义购买的汽车，其发生的购车款属于资本性支出，不能作为经营性费用在企业所得税税前扣除，而可以通过计提折旧在税前扣除。

(10) 电子客票作为报销凭证应符合特别规定。

注解：根据京地税票〔2006〕248号文件规定，航空运输电子客票暂使用《航空运输电子客票行程单》（以下简称《行程单》）作为旅客购买电子客票的付款凭证或报销凭证，同时具备提示旅客行程的作用。《行程单》采用一人一票，不作为机场办理乘机手续和安全检查的必要凭证使用。

航空公司开具的变更、退票收费单是否可以作为报销凭证?

我国的发票管理办法规定："销售商品、提供服务以及从事其他经营活动的单位和个人，对外发生经营业务收取款项，收款方应向付款方开具发票；特殊情况下由付款方向收款方开具发票。"发票一般按照权限由税务机关指定的企业统一印制，但是一些行业可以自行印制专业发票，比如机票就是特殊的发票。除此之外，一些部门和企业收取的各种费用，有使用收据的现象。严格地说，这里说的收费单是航空公司自行印制的收据，不符合有关规定的要求。但是，通常情况下可以作为报销凭证。

4.2.4.2 典型示例：

某地方税务局关于企业差旅费包干管理工作
有关问题的通知
某地税发〔2010〕66号

稽查局，各分局、县（市）局：

根据某省地方税务局《关于明确企业所得税几项政策问题的通知》（地税所〔2008〕342号）、省地方税务局《关于明确个人所得税若干政策问题的通知》（地税发〔2006〕4号）中关于企业实行差旅费包干规定，结合我市实际情况，现就差旅费包干的有关问题规定如下。

一、差旅费包干的范围

企业实行差旅费包干范围限于"长途交通费"、"住宿费"、"伙食补助费"、"短途交通费"、"长途通讯费"。企业可以采取对上述范围内全部费用包干和部分费用包干两种办法进行差旅费包干，差旅费包干方案应根据出差地区的差异，设定合理的包干标准。

二、差旅费包干审批所需资料

企业申请实行差旅费包干，需提供《差旅费包干申请报告》、《差旅费包干方案》、企业上年或以往年度出差到不同类别地区的差旅费实际支出凭证及相关资料，填报《差旅费包干审批表》（一式三份）。企业《差旅费包干方案》要按出差到不同类别地区制定不同的差旅费包干标准。

三、差旅费包干审批权限和审批时限

企业申请实行差旅费包干由主管地方税务机关审批，报市地税局备案。主管地税机关对企业申请实行差旅费包干审批时，要参照企业上年或以往年度出差到不同类别地区的差旅费实际支出情况，本着合理的原则对包干额度予以调整审批，对同类包干办法的审批标准应基本统一。

企业应于每年一季度内向主管地税机关报送差旅费包干审批资料，主管地税机关要在每年4月30日（2010年6月30日）前审批结束，并将"差旅费包干审批表"（1份）、企业"差旅费包干方案"报市局（所得税处）备案。

四、差旅费包干的审查和确认

对经批准实行差旅费包干企业的差旅费支出审查确认时，应以出差人员的汽车票、火车票、飞机票等真实合法的票据和有关资料为依据，据以证明出差人数、地点和天数，以此确认差旅费包干费用支出。

主管地税机关要在审批和检查工作过程中注意及时发现问题，加强和完善差旅费包干的管理工作。

4.2.5 税法宣传制度

企业希望依法纳税，但税收法规条文枯燥难懂，阅读起来费劲，理解起来困难，执行起来走样。企业内部在日常工作中，有针对性地进行税法宣传，有利于相关人员及时了解掌握财税政策的变动情况，以适应各个时期的涉税事项管理，为财务履行代扣代缴税款的责任和义务提供观念基础，消除误解，保证税收义务落到实处。

宣传的内容包括：

（1）宣传企业税收价值观

（2）宣传税收基本知识

（3）宣传与职工切身利益关系密切的个人所得税纳税义务

（4）宣传企业扣缴责任

（5）宣传税收优惠

（6）宣传企业对国家的税收贡献

（7）宣传发票真假鉴别的基本常识

4.2.6 往来核算制度设计例解

企业中普遍存在新官不理旧账的现象，也会造成往来账款管理的混乱。

4.2.6.1 涉税条款设计

（1）对确实无法偿付的应付款项要视情况作为计税收入缴纳企业所得税并正确做会计处理。

注解：2008年1月1日前：《企业财产损失所得税前扣除管理办法》（国家税务总局令2005年第13号）第五条"企业已申报扣除的财产损失

又获得价值恢复或补偿，应在价值恢复或实际取得补偿年度并入应纳税所得。因债权人原因确实无法支付的应付账款，包括超过三年以上未支付的应付账款，如果债权人已按本办法规定确认损失并在税前扣除的，应并入当期应纳税所得依法缴纳企业所得税。”

根据上述文件的规定，对于三年以上未支付的应付账款，不要求一律计入应纳税所得额，而应视具体情况而定。对于确实不需要支付的应付账款及债权方已经按规定确认为损失的应付账款，企业应并入当期应纳税所得依法缴纳企业所得税。

2008年1月1日后：国家税务总局公告2010年第19号：根据《中华人民共和国企业所得税法实施条例》第二十五条规定，现就企业以不同形式取得财产转让等收入征收企业所得税问题公告如下：

一、企业取得财产（包括各类资产、股权、债权等）转让收入、债务重组收入、接受捐赠收入、无法偿付的应付款收入等，不论是以货币形式、还是非货币形式体现，除另有规定外，均应一次性计入确认收入的年度计算缴纳企业所得税。

本公告自发布之日起30日后施行。2008年1月1日至本公告施行前，各地就上述收入计算的所得，已分5年平均计入各年度应纳税所得额计算纳税的，在本公告发布后，对尚未计算纳税的应纳税所得额，应一次性作为本年度应纳税所得额计算纳税。

二、会计处理。

1. 目前按照《企业会计制度》规定：企业将应付账款划转出去，或者确实无法支付的应付账款，直接转入资本公积，借记“应付账款”，贷记“资本公积——其他资本公积”科目。

2. 根据《企业会计准则——基本准则（2006）》的规定：“直接计入当期利润的利得和损失，是指应当计入当期损益、会导致所有者权益发生增减变动的、与所有者投入资本或者向所有者分配利润无关的利得或者损失。”确实无法支付的应付账款，应计入企业的“营业外收入”科目，作为企业的利得计入当期利润。

（2）定期与相关单位核对账目，做到账账相符、账实相符。

注解：账账核对是指不同账簿记录之间的核对。（1）所有总账账户借方额合计与贷方发生额合计是否相符；（2）所有总账账户借方余额合计与贷方余额合计是否相符；（3）有关总账账户余额与其所属明细分类账余额合计是否相符；（4）现金日记账和银行存款日记账的余额与其总账余额是否相符；（5）会计部门有关财产物资明细账余额与财产物资保管、使用部门的有关明细账余额是否相符等。以上所指不同账簿，仅限本单位内的账簿。本单位应收账款与有关单位应（付）账款的核对，就属于账实核对。

(1) 企业应当定期或者至少于每年年度终了，对应收账款进行全面检查，并合理地计提坏账准备。企业对于不能收回的应收账款应当查明原因，追究责任。对确实无法收回的，按照企业的管理权限，经股东大会或董事会，或经理（厂长）会议或类似机构批准作为坏账损失，冲销提取的坏账准备。

(2) 已确认并转销的坏账损失，如果以后又收回，按实际收回的金额，借记“应收账款”科目，贷记“坏账准备”科目；同时，借记“银行存款”科目，贷记“应收账款”科目。税法规定应作为其他收入纳税调整申报缴纳企业所得税。

(3)“应收账款”科目应按不同的购货单位或接受劳务的单位设置明细账，进行明细核算。

运用核对法检查应收账款：

将“应收账款”账户的有关书面资料，即账、表、证就其相关范围进行核对，以检验其是否相符。对于“应收账款”账户入账金额的检查，查账人员应审核销售发票，看其与“应收账款”、“主营业务收入”等账户记录是否一致，来确定其入账金额是否按规定采用总额法。

对于“应收账款”账户核算内容的正确性、合理性、合法性的检查，查账人员可以通过审阅“应收账款”账户的有关明细账及记账凭证和原始凭证来加以判断，如属于虚列主营业务收入，则可能其记账凭证未附有关原始凭证，如没有附销售部门核准的销售发票和发运单等，或者明细账户没有任何登记。

(3) 企业禁止出租出借账户或利用往来账户为他人套取现金。

注解：关于银行账户管理，中央和省三令五申强调要加强管理，维护经济金融秩序，严禁出租、出借银行账户。但是，我们在多年的审计工作中，经常发现有单位之间出借账户的现象。这个要看你们公司财务工作怎么做了，做不好的话工商、税务都会罚款或补缴税款（进账太多又没开发票的税务部门会认定为收入；出项太多会被工商认定为注册资金出逃），很严重的。

按照《银行账户管理办法》第三十四条规定：存款人的账户只能办理存款人本身的业务活动，不得出租和转让账户。但在近几年的税务稽查工作中，经常发现有单位之间出租、出借账户的现象。有的单位出租、出借银行账户以达到为其他单位或个人逃避债务、套取现金或从事其他非法活动等目的，从而扰乱金融秩序。有的企业为了收取好处费，不顾国家制度有关规定，擅自为其他单位或个人提供银行账户，为其办理款项收付业务，以套购紧俏物资或套取现金。出租、出借银行账户，不仅违背了“谁的钱进谁的账，由谁支配”的结算原则，有时也会给单位或个人造成损失，同时也是滋生“小金库”的温床，是导致贪污腐败的催化剂。

针对上述情况，在审查被审计单位“银行存款日记账”时，应注意发现账上是否存在与被查单位业务无关的收付业务；是否存在仅有金额而无明确摘要的事项；是否常有金额相等而日期相差不远的收付事项等。同时还要仔细核对银行对账单，查明有无租借银行账户的情况。任何企事业单位只能开立一个基本存款账户，不得出租、出借银行存款账户，不得将单位资金以个人名义存储，更不得将本单位账户出租、出借给其他单位或个人使用。对出租、出借银行账户的行为一经发现，要一查到底，及时追究相关人员的责任，有效地堵住经济领域的漏洞。

（4）企业需及时处理个人借款挂账，以避免税务风险。

注解：《财政部、国家税务总局关于规范个人投资者个人所得税征收管理的通知》（财税〔2003〕158 号）规定，纳税年度内个人投资者从其投资企业（个人独资企业、合伙企业除外）借款，在该纳税年度终了后既不归还，又未用于企业生产经营的，其未归还的借款可视为企业对个人投资者的红利分配，依照“利息、股息、红利所得”项目计征个人所得税。《国家税务总局关于印发〈个人所得税管理办法〉的通知》（国税发〔2005〕120 号）规定，加强个人投资者从其投资企业借款的管理，对期限超过一年又未用于企业生产经营的借款，严格按照有关规定征税。

（5）做损失处理的往来账应提供足够的证据。

注解：企业应收、预付账款发生的坏账损失申请税前扣除必须符合下列条件之一：

（一）债务人被依法宣告破产、撤销（包括被政府责令关闭）、吊销工商营业执照、死亡、失踪，其剩余财产或遗产确实不足清偿；

（二）债务人逾期三年以上未清偿且有确凿证据表明已无力清偿债务；

（三）符合条件的债务重组形成的坏账；

（四）因自然灾害、战争及国际政治事件等不可抗力因素影响，确实无法收回的应收款项。

本办法第二十条所述情形中债务人已经清算的，应当扣除债务人清算财产实际清偿的部分后，对不能收回的款项，认定为损失。

对尚未清算的，由中介机构进行职业推断和客观评判后出具经济鉴证证明，对确实不能收回的部分认定为损失。

债务人已失踪、死亡的应收账款，在取得公安机关已失踪、死亡的证明后，确定其遗产不足清偿部分或无法找到承债人追偿债务的，由中介机构进行职业推断和客观评判后出具经济鉴证证明，对确实不能收回的部分，认定为损失。

因自然灾害、战争及国际政治事件等不可抗力因素影响，对确实无法收回的应收款项，由企业作出专项说明，经中介机构进行职业推断和客观评判后出具经济鉴证证明，或者取得中国驻外使（领）馆出具的有关证明后，对确实不能收回的部分，认定为损失。

逾期不能收回的应收款项，有败诉的法院判决书、裁决书，或者胜诉但无法执行或债务人无偿债能力被法院裁定终（中）止执行的，依据法院判决、裁定或终（中）止执行的法律文书，认定为损失。

在逾期不能收回的应收款项中，单笔数额较小、不足以弥补清收成本的，由企业作出专项说明，经中介机构进行职业推断和客观评判后出具经济鉴证证明，对确实不能收回的部分，认定为损失。

逾期三年以上的应收款项，企业有依法催收磋商记录，确认债务人已资不抵债、连续三年亏损或连续停止经营三年以上的，并能认定三年内没有任何业务往来，中介机构进行职业推断和客观评判后出具经济鉴证证明，认定为损失。

逾期三年以上的应收款项，债务人在境外及港、澳、台地区的，经依法催收仍不能收回的，在取得境外中介机构出具的有关证明，或者取得中国驻外使（领）馆出具的有关证明后，认定为损失。

企业应收、预付账款发生上述情况申请坏账损失税前扣除应提供下列依据：

（一）法院的破产公告和破产清算的清偿文件；

（二）工商部门的注销、吊销证明；

（三）政府部门有关撤销、责令关闭等的行政决定文件；

（四）公安等有关部门的死亡、失踪证明；

（五）逾期三年以上及已无力清偿债务的确凿证明；

（六）债权人债务重组协议、法院判决、国有企业债转股批准文件；

（七）与关联方的往来账款必须有法院判决或所在地主管税务机关

证明。

(6) 预收账款纳税申报的时间应按税法规定及时办理。

注解：纳税人转让土地使用权或者销售不动产，采取预收款方式的，其纳税义务发生时间为收到预收款的当天。纳税人提供建筑业或者租赁业劳务，采取预收款方式的，其纳税义务发生时间为收到预收款的当天。国税发〔2009〕31号文件规定企业通过正式签订《房地产销售合同》或《房地产预售合同》所取得的收入，应确认为销售收入的实现。

(7) 预付账款与待摊费用等不能混淆。

注解：新准则取消了“待摊费用和预提费用”会计科目，但预订报刊杂志费、预付保管费等待摊费用经济业务不会因为科目的取消而取消。原属于待摊费用的业务发生要通过预付账款科目核算。因此预付账款与待摊费用等不能混淆。

(8) 建立严密的内控制度。

注解：制定往来账款的管理制度（范本）：

第一条　原则上公司执行款到发货制度，特殊情况需经总经理批准。

第二条　财务每周提供应收款清单给销售部，便于销售部发货及催款。

第三条　执行原、辅料订购合同，对到期货款进行支付。

第四条　对存在质量的原材料货款，公司一律拒绝付款。

第五条　对未到期货款，不得开具跨月支票。

第六条　对原材料货款，原则上不得以现金支付。

第七条　凡来公司收取货款须凭发票、单位证明、收款收据（现金）否则拒绝付款。

(9) 加强企业往来账的内部税务审计。

注解：

对应收账款内部控制制度检查时应注意：

①是否建立了明确的职责分工制度。

如现金收款的职员、编制应收账款余额核对表的职员，必须同记录应收账款的职员岗位分离；“应收账款”的总账和明细账户的登记应由不同职员根据汇总的记账凭证和各种原始凭证、记账凭证分别登记，并由独立于记录应收账款的其他职员定期检查核对账户和明细账户的余额：由信贷部门的职员定期编制应收账款账龄分析表等。

②是否严格控制应收账款业务。应收账款的登记必须有专人负责，应收账款的记录必须以经销售部门核准的销售发票和发运单等原始凭证为

依据。

③是否建立了应收账款的定期清理、催收制度。企业应根据应收账款的明细账户定期编制应收账款余额核对表，并将该表寄客户请其认可；对长期未收回的应收账款，应查明原因，指定专人进行催收和索取货款。

④是否建立了严格的批准、审核制度。坏账损失的冲销、销售折扣与折让的给予，必须经过企业专门指定的人员签字批准、审核才能处理。

（10）运用账龄分析法、函证法等定期开展自查工作

注解：

（1）运用账龄分析法将应收账款按时间的长短进行适当分类、分析。

查账人员可以通过编制或索取应收账款账龄分析表来分析应收账款的账龄，从而分析应收账款收回的可能性。对于数额大的，久欠不还的，有纠纷、催收情况不明的应收账款应进行重点审查。应收账款属于企业的短期债权，是企业变现能力最强的流动资产之一，一般不应超过一个经营周期。

对于应收账款迟迟不能收回的情况，查账人员应根据企业的具体业务情况和客户情况，确定一下标准的回收期，将其与企业“应收账款”账户有关明细账资料作对比，对于超过标准回收期的款项再做进一步调查，看是否存在款项收回后，通过不正当手段转移、贪污的情况。

（2）运用函证法检查应收账款

查账人员直接致函欠款单位，根据对方回函情况来验证应收账款数据的真实性。

采用函证法，首先要科学地选择函证方式。函证的方式有两种，即积极函证和消极函证。积极函证要求对方无论函证的内容对错都应复函答复；消极函证只要求对方在不同意函证内容时才复函。

相比较而言，积极函证的结果更为可靠。一般对重要的业务事项（如金额巨大的）、内部控制比较薄弱的业务事项和查账人员认为疑点较多的事项（如账龄长的），应采取积极函证方式，否则可用消极函证方式。

另外，要注意查收复函和退回的函件。对于无从投递的退回函件，必须仔细分析，了解其中的原因。在多数情况下，退回的函件更为重要，暗示了被函证的事项可能存在着重大问题。收取复函后，查账人员应结合其他查账方法，分析差异，提出函证结论。

审查有无将应在其他债权账户上核算的业务反映到“应收账款”账户上，可以先审阅其摘要的内容，来判断是否应由“应收账款”账户核

算，必要时再审阅该笔业务的原始凭证。

4.2.6.2 典型示例——股东向企业借款超过一年要缴个税

一家生产钢结构的有限公司，于 2003 年注册成立，当时在工业园区购得生产土地一宗，价值 3402450 元，用本公司银行存款支付了土地款。后在 2003 年 11 月因公司需要增加注册资金，将土地评估折价为 340 万元作为公司法定代表人的个人投资，经验资确认后，计入投资人的实收资本。账务处理为借记“其他应收款——投资人”；贷记“实收资本”。到 2004 年底，公司共计归还了 182 万元，其余 158 万元仍在“其他应收款”科目中。

日前，当地地税局稽查局对该公司例行检查时，认为未归还的 158 万元其他应收款应作为投资人的股息红利所得，要求该公司代扣代缴个人所得税，并对该公司作出应缴个人所得税 31.6 万元并处以 50% 罚款 15.8 万元的处理决定。

该公司认为上述款项纯粹是公司为增资需要的内部往来款，未归还的借款是否可推定为投资分红所得？

应该明确，该公司在增加注册资金时，将单位资产评估作为个人投资资产，应视为一种将单位资产分配给个人的行为。但是，根据该公司的账务处理分析，实际上是一种单位代个人垫资注册的借款行为，且投资者借款余额 158 万元的期限已经超过一个纳税年度。对于个人投资者从其投资的企业（个人独资企业、合伙企业除外）借款长期不还的处理问题，《财政部、国家税务总局关于规范个人投资者个人所得税征收管理的通知》（财税〔2003〕158 号）规定，纳税年度内个人投资者从其投资企业（个人独资企业、合伙企业除外）借款，在该纳税年度终了后既不归还，又未用于企业生产经营的，其未归还的借款可视为企业对个人投资者的红利分配，依照“利息、股息、红利所得”项目计征个人所得税。《国家税务总局关于印发〈个人所得税管理办法〉的通知》（国税发〔2005〕120 号）规定，加强个人投资者从其投资企业借款的管理，对期限超过一年又未用于企业生产经营的借款，严格按照有关规定征税。

根据《个人所得税法》第八条规定，个人所得税，以所得人为纳税义务人，以支付所得的单位或者个人为扣缴义务人。因此，对于这种视为红利分配的所得，该公司应该按照规定扣缴税款。《税收征管法》第六十九条规定，扣缴义务人应扣未扣、应收而不收税款的，由税务机关向纳税人追缴税款，对扣缴义务人处应扣未扣、应收未收税款百分之五十以上三倍以下的罚款。

4.2.7 产品促销制度设计例解

4.2.7.1 涉税条款设计

（1）企业发生与生产经营有关的手续费及佣金支出，超过税法规定计算限额应予纳税调整。

注解：国内一般为5%，超过部分不得在企业所得税税前扣除。保险企业、财产保险企业按当年全部保费收入扣除退保金等后余额的15%（含本数，下同）计算限额；人身保险企业按当年全部保费收入扣除退保金等后余额的10%计算限额。其他企业，按与具有合法经营资格中介服务机构或个人（不含交易双方及其雇员、代理人和代表人等）所签订服务协议或合同确认的收入金额的5%计算限额。

另外，根据《国家税务总局关于印发〈房地产开发经营业务企业所得税处理办法〉的通知》（国税发〔2009〕31号）规定，房地产开发企业委托境外机构销售开发产品的，其支付境外机构的销售费用（含佣金或手续费）不超过委托销售收入10%的部分，准予据实扣除。

（2）企业应与具有合法经营资格的中介服务企业或个人签订代办协议或合同，并按国家有关规定支付手续费及佣金。

注解：除委托个人代理外，企业以现金等非转账方式支付的手续费及佣金不得在税前扣除。企业为发行权益性证券支付给有关证券承销机构的手续费及佣金不得在税前扣除。

（3）企业不得将手续费及佣金支出计入回扣、业务提成、返利、进场费等费用。

（4）企业已计入固定资产、无形资产等相关资产的手续费及佣金支出，应当通过折旧、摊销等方式分期扣除，不得在发生当期直接扣除。

（5）企业支付的手续费及佣金不得直接冲减服务协议或合同金额，并如实入账。

（6）企业应当如实向当地主管税务机关提供当年手续费及佣金计算分配表和其他相关资料，并依法取得合法真实凭证。

注解：根据《财政部、国家税务总局关于企业手续费及佣金支出税前扣除政策的通知》（财税〔2009〕29号）规定（自2008年1月1日起生效）设计。

（7）企业促销支付的进场费、返利应在合同中明示，如实入账，禁止商业贿赂。

（8）企业支付与销售金额和数量。返利应就买卖双方签订折让协议，取得折让证明，开具红字发票。

(9) 企业支付不与销售金额和数量挂钩的进场费应由对方开具劳务的营业税发票。

4.2.7.2 典型示例——千万不要混淆返利和商业贿赂

【案例4-2】2006年，上海市工商部门根据举报对R公司涉嫌商业贿赂进行立案调查。调查查明，R公司在销售产品时，与买方在合同中约定：当对方购买其产品达到1000万元及以上时，给予5%返利。当调查人员对其财务账册进行检查时却发现，R公司在其返利支出部分的财务处理上采取了以下方式：将由第三方开具的运输服务费发票作为做账的原始凭证，并以服务费名义记入“营业费用——佣金”科目，然后将返利款以支票形式打入该第三方银行账户。经向出具发票的第三方调查发现，该第三方并未与R公司发生过运输服务业务，只是代为转账开具发票而已。在收到返利款后扣除开票手续费（包括转账服务费、因开票发生的税金等），将返利款以现金方式交R公司的交易对方。工商部门认定R公司的上述行为违反了《反不正当竞争法》第八条第（一）项之规定，属于商业贿赂行为。根据《反不正当竞争法》第二十二条的规定作出了行政处罚决定。

这是一起典型的商业贿赂案件。本案中的返利是由合同约定的，通过与交易毫不相干的第三方出具发票，使R公司获得了做账的原始凭证，以佣金名义记入反映其生产经营活动的财务账上。这笔商业贿赂款从形式上看极易与佣金或折扣中的销售返利混淆，使其具备隐蔽性和复杂性的特点。

[分析]

(一) 商业贿赂与佣金的本质区别

本案中，R公司的行为显然是为了争取交易机会而采取的一种促销行为。争取交易机会无可厚非，关键是采用什么方法，如果采用不正当手段争取交易机会就为法律所禁止。从R公司的财务账目记载看，支出的似乎是佣金。根据国家工商局《关于禁止商业贿赂行为的暂行规定》第七条“本规定所称佣金，是指经营者在市场交易中给予为其提供服务的具有合法经营资格的中间人的劳务报酬”的规定，该案中支出明显不属于佣金范围。首先，在本案中开具服务费发票的单位根本没有为R公司提供过服务，是与交易毫不相干的第三人；其次，该开票单位也未获得该笔所谓的佣金，只是为R公司转账而已。之所以由与交易毫不相干的第三人出具虚开的服务费发票、虚假地记入“营业费用——佣金”科目，R公司的真实意图就是以佣金支出的假象掩盖其向交易对方支付返利款的事实。那么，R公司为什么要费那么大的周折来掩盖呢？是为了掩饰返利本身，还是为了掩饰对方接受返利？销售返利作为一种合法的商业折扣形式为法律所允许，而作为交易对方接受合法的销售返利更无须掩饰。显然，R公司要掩饰的是收买或引诱交易对方相关人的事实。正是通过这种收买使其获得了本不该获得的不正当利益，正是这种不正当利益的收买使得R公司获得了更多的交易机会。这就是商业贿赂与佣金的本质区别。

（二）商业贿赂与销售返利的本质区别

R公司的行为，从其性质看似乎有点像商业折扣中的销售返利，是不是R公司在财务处理上将销售返利错误地记入了佣金科目？国家工商总局在有关商业贿赂的定性问题向财政部咨询时，财政部曾明确表示：对在财务处理上入错科目的，凡是能够以调整科目的方式加以改正的，不宜认定为商业贿赂。那么，R公司的行为能否通过调整科目改正呢？根据《暂行规定》第六条可以看出，折扣有两种形式，一种是即时结清的折扣，一种是事后返利即销售返利。销售返利，《增值税暂行条例实施细则》第十一条规定："小规模纳税人以外的纳税人（即一般纳税人）因销货退回或者折让而退还给购货方的增值税税额，应从发生销货退回或者折让的销项税额中减去，因进货退出或者折让而收回的增值税，应从发生进货退出或者折让的进项税额中扣减"。在会计实务中对销售返利的财务处理方式通常是：当返利行为发生后，由购货方到当地税务部门开具《进货退出或索取折让证明单》交销售方，由销售方根据折让金额向购货方开具红字专用发票作为购货方的记账凭证，冲减其购货支出以扣减其进项税额；销售方则将红字专用发票的存根联、记账联作为其记账凭证，冲减销售收入以扣减当期销项税额。其实，几乎所有商业贿赂所涉及的商业优惠在形式上都可以用商业折扣（包括现金折扣、销售折扣、销售返利等）的方式来实施。但是，这些折扣方式在会计制度上有两个基本要求：一是支付或者接受折扣必须如实入账以防止其非法落入个人口袋，二是不能偷漏因此而产生的税收。R公司显然是为了规避上述财务制度的制约，使对方得到不正当的利益或者偷漏相关税收等好处，以此来收买对方以争取交易机会。在具体实施过程中，R公司采用了合同约定、财务入账等混淆视听的做法，使其从形式上尽可能与折扣相混淆。而在财务处理上作为销售方的R公司没有因折让而冲减其销项税额，作为购货方的对方也未因接受折让而扣减其进项税额，用以财务记账的原始凭证更是由与交易不相干的第三人虚开的所谓服务费发票。就这样R公司顺理成章地通过第三方将现金交到了对方手上，从而也为R公司赢得了交易机会和交易优惠条件。这就是商业贿赂与销售返利的本质区别。因此，R公司的行为不是合法的销售返利行为，更不是用调整科目的办法可以改正的。

至于该第三方之所以愿意为R公司转账并将不正当利益代为交付，是因其能从中获得手续费等不正当好处，从本质上讲这也是缘于商业贿赂的结果，即R公司对第三方的商业贿赂。

综观当今社会经济生活，但凡商业贿赂行为，无论其情节如何复杂、手段如何隐蔽，其实万变不离其宗，就是用不正当利益收买以争取交易机会，或更优惠条件，或更多的竞争优势。因此，在执法实践中只要我们把握住了商业贿赂的这个本质特征，就不难准确把握商业贿赂行为。那么，商业贿赂究竟能为当事人在争取交易机会或交易优惠条件方面带来什么样的好处呢？

（1）销售返利为法律所允许，在市场竞争中只要有竞争能力的市场主体都可以采取，从某种意义上对争取交易机会的作用相对有限，而商业贿赂为法律所禁止，少数违法者擅用，更容易争取交易机会。

（2）销售返利必须严格按照财务制度规定的方式进行，而商业贿赂在方式上没有限制，可以针对对方的特点、个人爱好、习惯投其所好，有的放矢地进行，更容易击中对方要害，也就更容易争取交易机会。

（3）销售返利只能作用于交易对方单位，而商业贿赂还可以作用于相关个人以及对交易有直接影响的关键人物，且不会因此增加对方的税收负担，当然更容易为对方接受。

（4）销售返利由于销售收入的减少从而导致销售方的利润减少，而商业贿赂虽然表面上也会减少销售收入，但由于其商品在市场上的单价没有下降甚至因为商业贿赂使质次价高的商品得以销售，从而为销售方带来更多的利润。

这就是为什么商业贿赂会“增加企业经营成本”、能够“为制售假冒伪劣商品大开方便之门”、会使“药品、医疗器材价格普遍提高，最终都转嫁到患者身上”的关键所在。

R公司用合同约定返利只是一个幌子，为的是规避“禁止账外暗中给付财物”这一法律规定，其真正目的就是通过虚构服务费支出、虚假的资金流向，由得到好处的第三方以现金方式向交易对方支付所谓的返利，并且不需要对方开具任何发票，确保这些所谓的返利更容易地落入个人口袋。因而，也就更容易争取到交易机会。这种不正当利益收买按照《暂行规定》的规定，既可以是用金钱等财物，也可以是用非财物的其他利益。无论是直接的，还是通过中间方故意地向对方或第三方提议给予、承诺给予，或事实上给予不当的金钱或其他利益，以期对方采取行动或不行动，进而在经济活动中获得或者保留其业务或其他不正当利益的行为就是商业贿赂。

4.2.8 薪酬福利制度设计例解

4.2.8.1 涉税条款设计要点

薪酬福利制度是纳税成本控制制度的重要组成部分。《企业所得税法实施条例》第三十四条所称的“合理工资薪金”，是指企业按照股东大会、董事会、薪酬委员会或相关管理机构制定的工资薪金制度规定实际发放给员工的工资薪金。税务机关按以下原则确认工资总额：

（1）企业制定了较为规范的员工工资薪金制度；

（2）企业所制定的工资薪金制度符合行业及地区水平；

（3）企业在一定时期所发放的工资薪金是相对固定的，工资薪金的调整是有序进行的；

（4）企业对实际发放的工资薪金，已依法履行了代扣代缴个人所得税义务；

（5）有关工资薪金的安排，不以减少或逃避税款为目的；

（6）企业工资薪金发放底册清单工资表至少保管三年以上；

（7）企业发生的职工福利费，应该单独设置账册，进行准确核算。

为此，薪酬福利制度设计应与税务机关在对工资薪金进行合理性确认掌握原则相对接。涉税条款至少应为：

（1）单位与用工个人应签订劳动合同。

注解：未能签订劳动合同的“雇佣”，则被认定为“非雇佣”。从实质上说，具有雇佣关系的劳动所得，其取得的收入在性质上是属于工薪所得；而非雇佣关系的劳动所得，其取得的收入纯粹是一种劳务报酬。

《劳动和社会保障部关于建立劳动用工备案制度的通知》（劳社部发〔2006〕46号）第二条规定“从2007年起，我国境内所有用人单位招用依法形成劳动关系的职工，都应到登记注册地的县级以上劳动保障行政部门办理劳动用工备案手续。”因此，企业只有与其员工签订书面劳动合同并报经劳动部门备案，其合理的工资薪金才能税前扣除。

（2）支付工资薪酬要履行代扣代缴个人所得税的法定义务。

（3）发放工资详细清单，聘用合同等证明资料应至少保管3年以上。

注解：纳税评估和税务稽查一般为近三年。征管法规定因税务机关的责任导致应收未收超过三年的不得追征税款。

（4）发放工资有关手续要完备。

注解：不完备有税收风险。A 公司从事房地产开发，在列支工人工资时，工资单只有 A 公司的公章，并只有一个代签代领，并无公司负责人、财务负责人、会计员等人员的签章，这些工资单是不可作合法凭证列支的。税务人员人性化处理也应提请企业改正，并要求企业提供发放工资详细清单，聘用合同等证明资料。

（5）把握合理工资薪金支出内涵。

注解："合理工资薪金"，是指企业按照股东大会、董事会、薪酬委员会或相关管理机构制定的工资薪金制度规定实际发放给员工的工资薪金。税务机关在对工资薪金进行合理性确认时，可按以下原则掌握：

- 企业制定了较为规范的员工工资薪金制度；
- 企业所制定的工资薪金制度符合行业及地区水平；
- 企业在一定时期所发放的工资薪金是相对固定的，工资薪金的调整是有序进行的；
- 企业对实际发放的工资薪金，已依法履行了代扣代缴个人所得税义务；
- 有关工资薪金的安排，不以减少或逃避税款为目的。

（6）工资薪金总额要严格区分税收与会计界限。

注解：注意三项费用的计提基数为已实际支付工资薪金总额，是指企业会计核算的工资薪酬各自分别扣除上述三项费用后的金额。并非"应付职工薪酬"总额。

《实施条例》第四十、四十一、四十二条所称的"工资薪金总额"，是指企业按照本通知第一条规定实际发放的工资薪金总和，不包括企业的职工福利费、职工教育经费、工会经费以及养老保险费、医疗保险费、失业保险费、工伤保险费、生育保险费等社会保险费和住房公积金。属于国有性质的企业，其工资薪金，不得超过政府有关部门给予的限定数额；超过部分，不得计入企业工资薪金总额，也不得在计算企业应纳税所得额时扣除。

如果企业以职工旅游的名义，列支职工家属或者其他非本单位雇员所发生的旅游费，则属于与生产经营无关的支出，不得纳入职工福利费管理，也不得税前扣除。

（7）关于职工福利费开支范围财税规定的差异。职工交通补贴到底是属于福利费，还是应并入工资总额。

注解：有些同志看了财企〔2009〕242 号文件和国税函〔2009〕3 号文件，都糊涂了。前者认为职工交通补贴应并入工资总额，后者又认为是在福利费中列支。其实税会本有差异，计提三项费用时如果会计核算把职工交通补贴并入工资总额，则应剔除之后再作为基数计算三项费用。

(8) 企业发生的职工福利费，应该单独设置账册，进行准确核算。

注解：没有单独设置账册准确核算的，税务机关应责令企业在规定的期限内进行改正。逾期仍未改正的，税务机关可对企业发生的职工福利费进行合理的核定。

《企业所得税法实施条例》第四十条规定的企业职工福利费，包括以下内容：

①尚未实行分离办社会职能的企业，其内设福利部门所发生的设备、设施和人员费用，包括职工食堂、职工浴室、理发室、医务所、托儿所、疗养院等集体福利部门的设备、设施及维修保养费用和福利部门工作人员的工资薪金、社会保险费、住房公积金、劳务费等。

②为职工卫生保健、生活、住房、交通等所发放的各项补贴和非货币性福利，包括企业向职工发放的因公外地就医费用、未实行医疗统筹企业职工医疗费用、职工供养直系亲属医疗补贴、供暖费补贴、职工防暑降温费、职工困难补贴、救济费、职工食堂经费补贴、职工交通补贴等。

③按照其他规定发生的其他职工福利费，包括丧葬补助费、抚恤费、安家费、探亲假路费等。

(9) 股份支付应区分以现金结算或以权益结算按规定准确办理税前列支。

注解：

- 企业对其职工的以现金结算的股份支付，应在实际行权时确认费用，并准予在计算应纳税所得额时扣除。
- 企业对其职工的以权益结算的股份支付，不得在计算应纳税所得额时确认费用扣除。

(10) 工资福利应按规定准确区分应税所得与免税所得。

注解：

单位发月饼不属免税的福利费范围，应当并入工资收入计征个人所得税。新条例对于职工福利费支出规定范围更广泛，保险费不再占用福利费指标，外资企业不必再把各类保险费列入职工福利费核算，应充分利用以提升职工福利待遇，使之成为保障职工合法权益和激励职工积极性的救济措施，但要注意可税前扣除的福利费支出是实际发生数，而不是计提数。残疾人员工资在加计扣除的时候，包括奖金。《企业所得税法实施条例》第九十六条规定，企业安置残疾人员的，在按照支付给残疾职工工资据实扣除的基础上，按照支付给残疾职工工资的100%加计扣除。根据《企业所得税法实施条例》第三十四条规定，工资薪金是指企业每一纳税年度支付给在本企业任职或者受雇的员工的所有现金形式或者非现金形式的劳动报酬，包括基本工资、奖金、津贴、补贴、年终加薪、加班工资，以及与员工任职或者受雇有关的其他支出。根据上述文件规定，残疾人员工资在加计扣除的时候，包括奖金。

4.2.8.2　典型示例——2010年销售部经营承包合同书

甲方：集团公司

乙方：销售部

为确保集团公司2009年战略规划和经营目标的实现，充分调动销售部全体员工的主观能动性和工作积极性，更好地将销售部全体员工的工作业绩与其劳动报酬密切挂起钩来，经甲乙双方充分调研协商，特订立本经营承包合同书。

一、乙方的责任期限

2010年1月1日~2010年12月31日

二、乙方的责任目标

1. 全年实现销售收入（不含税，以财务部开票为准）9亿元。其中：第一季度2亿元；第二季度2亿元，第三季度3亿元，第四季度2亿元。

2. 全年实现销售回款（含税）10亿元。其中：第一季度2亿元，第二季度2.3亿元，第三季度3.5亿元，第四季度2.2亿元。

3. 全年销售收入的非现金回笼折现损失率不超过全年销售收入（不含税）的1%。

4. 全年销售费用占销售收入（不含税）的比率不超过4%。

5. 公司年发外存货的平均余额不超过3000万元；公司库存产成品的平均余额不超过1亿元。

6. 全年乙方提报给甲方的产品销售计划变动率不超过5%。

三、工资提成方案

1. 乙方全面完成2009年的经营目标，甲方向乙方兑现工资总额500万元。

（1）乙方超额完成销售收入、货款回笼两项指标，甲方按下列算式向乙方兑现超额奖金（全年统算兑现）：

超额奖金 =（实际销售收入 − 9亿元 + 实际现金回笼 − 10亿元）÷ 2 ×0.5%

（2）乙方没有完成销售收入、货款回笼两项指标，甲方按上列算式向乙方兑现罚款（全年统算兑现），罚款从工资总额500万元中扣减。

2. 全年销售收入的非现金回笼折现损失率升降，按30%的比例兑现奖惩，即：

奖惩额 =（1% －实际回笼折现损失率）× 非现金回笼总额 ×30%

（计算结果为正值，则为奖励额；负值，则为罚款额）

3. 全年销售费用占销售收入的比率升降按20%的比例兑现奖惩，即：

奖惩额 =（4% －销售费用实际比率）×3600万元 ×20%

（计算结果为正值，则为奖励额；负值，则为罚款额）

4. 全年发外存货平均余额和库存产成品平均余额的升降按0.5%的比例兑现奖惩，即：

奖惩额 = [（目标发外存货平均余额 + 目标库存产成品平均余额）－（实际发外存货平均余额 + 实际库存产成品平均余额）] ×0.5%

（计算结果为正值，则为奖励额；负值，则为罚款额）

5. 乙方提报给甲方产品销售计划变动率的升降按季度考核、兑现奖惩：

（1）采购计划变动率每降低1%，奖励乙方人民币5000元；

（2）采购计划变动率每提高1%，扣发乙方人民币5000元。

四、责任考核部门及方式

1. 各项责任目标按季度进行考核，每季度奖惩兑现80%；年终统算，一次奖惩兑现。

2. 各项责任指标的完成情况和奖惩兑现方案由财务部负责核算提供，人力资源部负责审查，奖惩兑现方案经乙方认可、总经理办公会议批准后执行。

3. 乙方负责提出内部员工具体的工资发放及奖惩方案，报甲方审批后兑现。

五、甲方的权利和义务

1. 全力支持乙方完成2008年度责任目标，并保证本合同书中奖惩方案的兑现。

2. 在乙方确保产品销售计划变动率不超过5%的情况下，确保100%保质、保量、保时完成乙方所需的产品计划；在乙方产品销售计划变动率超过5%的情况下，确保98%以上保质、保量、保时完成乙方所需的产品计划。

3. 由于甲方原因造成乙方未完成责任目标，则由甲方的有关责任部门承担乙方的损失。

4. 由于乙方主观原因，完不成本合同书的有关条款，甲方有权随时对乙方的人事及工作进行干预、调整和重组。

5. 甲方有关职能部门在全力支持乙方完成责任目标的同时，有权对乙方的各项工作进行监督、检查。

六、乙方的权利和义务

1. 采取有效措施，确保2008年责任目标的完成。

2. 加强计划管理，确保产品销售计划变动率不超过5%。

3. 保证乙方所有的经营活动在国家法律、法规及厂规厂纪允许的范围内开展。

4. 积极配合甲方及各职能部门的领导、指导和监督、检查。

5. 由于乙方原因给甲方造成的经济损失，由乙方承担赔偿责任。

七、其他

1. 本合同书的条款由甲方负责解释。

2. 若因重大市场变化或其他不可抗力导致本合同书的有关条款不能执行时，甲乙双方应及时协商调整有关条款。

3. 本合同书未尽事宜，由甲乙双方协商补充、解决。

4. 本合同书正本一式二份，甲乙双方各执一份，双方盖章及代表签字后生效。

甲方：集团公司　　　　　　　　乙方：销售部

代表：　　　　　　　　　　　　代表：

年　月　日　　　　　　　　　　年　月　日

4.2.9 税务文化制度设计例解——万科透明的阳光税路（公民的纳税观）

4.2.9.1 税务文化制度主要内容

从税务文化的层级结构方面观察，税务文化包含税务物质文化、税务制度文化与税务精神文化三个方面的内容：

（1）企业倡导电子纳税申报、科技纳税是企业税务物质文化的体现，四平创意每年4月20日定为税法宣传日开展主题活动是企业税务制度文化的体现。

（2）企业积极创造条件参与纳税信用评定透明的阳光税路是税务精神文化结晶。

（3）纳税是公民应尽义务的纳税观。

（4）“依法纳税，回馈社会”是现代企业经营的一条基本准则。

4.2.9.2 典型示例——透明万科的阳光税路成就“中国最受尊敬

企业”

2006年4月28日，由《经济观察报》和北京大学企业案例管理研究中心共同主办的“2005年度中国最受尊敬企业”的评选活动中，万科再次获得“中国最受尊敬企业”称号，同时也成为连续四届获此殊荣的唯一一家房地产企业。

1. 透明万科的阳光税路

万科领导者王石是目前为止，第一个主动谈“税”的企业家。

这其中有两个层面的意义：一是万科要把企业做好，应该照章纳税，本着对股东、消费者负责任的态度把产品做好。第二，万科缴税情况如下：万科2004年的纳税总额是9亿元，预计2005年纳税13亿~14亿元。

2004年，万科控股和子公司实际缴纳的14项税费总额为8.02亿元。从营业收入排名看，万科在当年的中国企业500强中位于第272位。尽管2005年宏观调控对地产行业冲击不小，但万科仍然保持了业绩的快速增长。万科企业年报显示，2005年万科销售231.8万平方米，实现销售收入139.5亿元，同比增长52.3%，实现净利润13.5亿元，同比增长53.8%。而纳税额增长更快，2005年万科入库税金14亿元，同比增长73%。表明万科对社会作出的实在贡献更上了一层楼。

不用说是万科深耕细作的深圳、上海，就连项目数量远少于一线城市的一些万科分公司，都以严谨务实、遵纪守法的形象受到当地政府部门的欢迎。在2004年，武汉万科获得湖北省纳税百强称号，南京万科被评为A级纳税信用等级纳税人，沈阳万科曾经连续多年成为全市房地产企业纳税冠军等等，都是透明万科在自身体制内的有效延伸。

事实上，万科一直以透明开放为企业的行为准则。在20世纪90年代末期，时任深圳市长的李子彬带着政府各局委办和四大国营集团的首脑人物到万科总部调研。王石汇报了万科的业务增长数字和管理特征：规范、专业、透明。汇报的内容通过计算机在大屏幕显示，并给每位代表一份打印好的纸面材料。汇报结束，李子彬市长扬着手中的材料说：“你们看看，什么是透明度？财务的工资表格上，从董事长到普通员工的收入、奖金一目了然。你们集团管理哪个能做到这样公开？”对企业应尽的义务，万科都身体力行地推进之。

2. 支持“多缴税”改革

万科对税务制度的重视，始于公司创建初期，王石在1997年就跟当时的国务院总理朱镕基讨论了税务的变革。

“财政包干”制度是中国20世纪80年代末到90年代初的主要财政模

式。但随着市场在资源配置中的作用不断扩大，其弊端日益明显，主要表现在税收调节功能弱化，影响统一市场的形成和产业结构优化，国家财力偏于分散，制约财政收入合理增长，特别是中央财政收入比重不断下降，弱化了中央政府的宏观调控能力。在此背景下，中央力推分税制改革。

分税制改革的内容是：按照中央与地方政府的事权划分，合理确定各级财政的支出范围；根据事权与财政相结合原则，将税种统一划分为中央税、地方税和中央地方共享税，并建立中央税收和地方税收体系，分设中央与地方两套税务机构分别征管，实行规范的中央财政对地方的税收返还和转移支付制。

在朱总理的调研会上，王石以万科为例，表明了在1995年经营规模、利润下降的这一年，企业缴税没有随之下降而是持续上升的情况。

"分税制之前，中央政府和地方政府的税务是承包制。地方政府同企业也是承包关系。比如，万科到上海投资，同税务局签订承包合同，这是个基数，每年一个增长比率，万科在上海签订的合同是按每年20%递增，同实际每年盈亏没有关系。启动分税制，同政府的承包合同作废，虽然1995年规模缩小、利润下降，但税收的基数大了，所以缴税的总额依旧增长。"

"虽然企业缴税增加了，我举双手赞成分税制。我们国家，习惯一大二公、一平二调，向来不承认地方利益。通过税制改革，第一次从税法上明确了中央和地方是不同的利益主体。换句话说，中央和地方的关系都不明确，哪来的企业和政府的明确关系呢？可以说，分税制不仅仅是税收制度的改革，也是政治体制的改革。"

王石的这番话在当时得到与会者认同暂且不说，它还很鲜明地表达了万科朦胧的企业公民意识。

3. 公民万科的纳税观

作为行业领跑者，万科集团22年来一直坚持诚信经营、按章纳税的宗旨，踏踏实实地履行企业社会责任，这是万科得以壮大发展的基础，也是万科不可动摇的底线，也恰恰体现了"变革先锋，企业公民"的内涵。

万科坚持规范运行，历来得到了政府与社会的高度肯定。在税务管理方面，万科给我们的启示有：

①用两个"最低标准"规范自己

从创办之初，就给自己设定了两个最低标准：一是为股东盈利，向政府纳税；二是尊重人。"依法纳税，回馈社会"是现代企业经营的一条基本准则，也是万科立业、守业之本。

②专职人员负责税务问题

管理上，每个项目公司除了遵守税法主动纳税外，在每个项目小组都有专职负责税务方面的人员，掌握税法信息、了解税务动态并及时与税务人员沟通，积极配合税务检查。

③巨资引入财务软件

在账目处理上，公司坚持规范化，引进上百万元的财务软件系统，使账目处理更透明，查询更方便，实现了财务会计完全电算化。

④外聘税务师事务所做税务代理

在人员配置上，公司不仅要求财务每个项目组有专职负责税务方面的人员，还外聘税务师事务所为每个项目进行税务代理，更好地为公司财务把关。

⑤用市场化的方式对待和解决问题

万科坚持诚信纳税、贡献社会的经营理念，在谋求自身发展的同时也为社会创造了良好的经济效益和社会效益：历经二十多年，万科经历了起步、创业、发展三个历史跨越，逐步走向理性与成熟。万科进入市场之初，市场的规范化程度不高，万科的很多做法，包括以高价竞标取得土地使用权、坚持依法纳税等做法，在社会上不被理解，甚至有人提出怀疑，因为在当时，这种做法不被人理解。市场由非理性到理性的回归需要一个过程，这是一种必然，所以万科一开始就采取了市场化的方式对待和解决问题，建立了以照章纳税为基础的商业道德体系。

4.2.10 关联交易制度设计例解

4.2.10.1 涉税条款设计

（1）认真履行同期资料保存义务和向税务机关提供的义务。企业应按规定及时提供同期资料规避税收风险。

注解：同期资料又称同期文档、同期证明文件，是指根据各国和地区的相关税法规定，纳税人对于关联交易发生时按时准备、保存、提供的转让定价相关资料或证明文件。同期资料准备、保存和提供是企业转让定价文档管理的基础。

为贯彻实施新企业所得税法及其实施条例，加强同期资料管理，了解企业准备同期资料合规情况及存在的问题，国家税务总局下发《关于开展同期资料检查的通知》（国税函〔2010〕323号），在全国开展同期资料准备情况的抽查工作。抽查覆盖2008和2009两个纳税年度，各地税务主管部门应根据企业关联申报数据，分年度统计本省应准备同期资料的企业名单，严格按照统计抽样方法抽取测试样本（每个年度抽取样本数量应不低于总体的10%），并组织检查样本企业同期资料准备情况。

（2）交易应符合“具有合理商业目的”的要求。遵守商业实质原则进行关联交易。

注解：1935年，美国提出了“商业目的”这一反避税判例法规则。该规则强调的重点是，纳税人在一项商业安排中是否有避税的主观意图。但问题是，对这一主观标准作出准确判断很难，并在实践中带来很多问题。由于“商业目的”原则对上述问题并没有明确，实践中纳税人会通过商业文件“炮制”出非税商业目的。

如果企业发生非货币性资产交换作为获取不当税收利益的安排，不具有合理商业目的，而减少其应纳税收人或者所得额，税务机关也将有权按照合理方法调整。《企业所得税法实施条例》解释“不具有商业目的”：是指以减少、免除或者推迟缴纳税款为主要目的。在实际经济生活中，不具有商业目的，除了获取不当税收利益外，还包括粉饰业绩、规避法律、转移资产、获利套现等目的，对此税法作了缩小解释。“不具有合理商业目的”是定性判断，具体标准有待进一步明确，全凭税务人员职业判断。

（3）关联方之间成本分摊的比例与获得的预期收益的比例相匹配，签好成本分摊协议可规避税务风险。

注解：成本分摊协议是企业之间缔结的一种契约性协议，是指在产品、服务、权利（技术）的开发、生产和获得的过程中缔约各方需共摊成本、共担风险，合理界定各参与方对上述产品、服务、权利（技术）的利益份额。是指两家以上企业进行共同投资时，为了分摊开发，生产无形资产或取得资产，权利或提供劳务活动中产生的成本和风险，以预期的未来收益分享比例为标准，签订协议，确定各方先期所承担的成本分摊的比例，以保证成本和收益相匹配。税务机关对成本分摊协议关注的着眼点是各参与投资方（尤其是关联方之间）成本分摊的比例与获得的预期收益的比例是否匹配，避免某些参与投资的企业通过做大成本、减少收益进行避税的问题。

（4）企业进行关联方交易时如有条件应与税务机关沟通并争取最有利于企业的交易价格。实行预约定价。

注解：在获得税务机关对交易价格的认可后，再进行交易就可以规避税务风险，获取最大的纳税收益。

（5）战略构架不嵌入税收元素引发的税收风险。

（6）跨国公司关联交易转移利润的涉税风险。

注解：国家税务总局曾专门下发《关于调查境外机构通过派遣人员

为境内企业提供服务征收企业所得税情况的函》（便函〔2009〕103号），要求各地税务机关针对制造业和服务业企业，特别是汽车制造企业开展调查。

由于母子公司之间的特殊关系，现实经济活动中，母子公司之间常存在较为复杂的跨境人员及业务往来。在这种情况下，母公司在子公司的活动是否导致母公司在子公司所在国构成常设机构判定缺乏具体标准，使得境内支付单位对少数境外机构为境内企业提供管理或技术服务，对取得的所得未按规定履行所得税申报纳税义务形成风险。

4.2.10.2 典型示例分析

【案例4-3】美国某汽车制造企业在中国境内投资成立了一家中外合资汽车制造企业。税务机关在调查过程中发现，境外母公司和这家境内合资企业之间存在两份协议：

（1）《国际雇员协议》。根据当初的合资协议约定，合资企业的高级管理人员由境外和境内投资方各自指派。因此，境外投资方和合资企业签订了一份《国际雇员协议》，约定相关高级管理人员由境外投资方直接指派，在派遣期间作为合资方的雇员，在合资方董事会安排下，代表合资企业履行管理职能，为合资企业服务。对于外方派遣人员的薪酬标准，境内合资方应按合资协议约定的标准支付。由于这部分人员只是暂时到中国境内受雇，考虑到社保等一些实际因素，这些人员的薪酬全部由美方母公司代为支付后，境内企业按照美方代垫的费用全额转付给美方。

（2）《短期技术支持协议》。由于美方在向境内合资企业进行生产线安装、技术转让中，需要派员到境内为企业提供技术咨询、员工培训等技术服务工作。因此，境外机构和境内合资公司签订了《短期技术支持协议》，约定境外机构在向境内机构提供技术服务时，境内机构应根据派遣人员数量和服务天数，按约定的标准向境外机构支付技术支持费。

[分析]

对照国税发〔2010〕75号文件相关规定，对这两份合同的性质进行分析。

从《国际雇员协议》可以看出，对于合资企业的高级管理人员，根据合资协议约定，分别由投资方各自委派的做法是符合商业常规的，也是投资方对于投资企业控制权的一种体现。

一种意见认为不管什么情况下，只要投资方向其投资的企业派遣高级管理人员，就视同投资方在为投资企业提供管理咨询服务构成常设机构。

另一种意见认为这份《国际雇员协议》完全符合国税发〔2010〕75

号文件"由母公司派人员到子公司为子公司工作，这些人员受雇于子公司，子公司对其工作有指挥权，工作责任及风险与母公司无关，由子公司承担"的条件，这些人员的活动不导致母公司在子公司所在国构成常设机构。在这一情形下，境内合资企业向此类人员支付的费用，不论是直接支付还是通过母公司转付，都应视为合资企业内部人员收入分配，对支付的人员费用予以列支，其所支付的人员费用应为个人所得，按我国《个人所得税法》相关规定扣缴个人所得税后，即可对外支付。

对于《短期技术支持协议》，由于人员的工作的指挥权应归母公司，由母公司承担风险和责任。同时，需要派遣人员的数量和标准也是由境外母公司决定的。既然这些人员由母公司支配，代表母公司来华提供服务，这些人员的费用自然由母公司负担。同时，母公司派人员到子公司从事活动，一般应从子公司获取利润。

但是，对于境内机构派遣员工是否构成常设机构，在根据国税发〔2010〕75号文件进行判定时，应根据实质重于形式的原则，从人员的支配权、风险和责任承担等这些影响行为实质的角度去把握。根据《企业所得税法》的规定，母公司向子公司收取有关服务费时，应按独立企业公平交易原则处理。如果母公司收取的服务费小于其提供服务的成本，应对此关联交易按独立交易原则进行特别纳税调整。

4.2.11　经济合同制度设计例解

"在商业时代，财富大部分是由合同构成的"，这句话道出了现代社会中合同的重要性。现代企业的生产经营，从资金筹措、原材料购进，到产品销售样样都离不开合同，而合同也是税务机关在对企业应税行为进行确认时的主要依据之一，也就是说一项经济业务是否缴税以及按照什么标准缴税，主要是看企业所签订的经济合同是否符合税法的要求，并不是看企业的会计核算或者实际操作是如何进行的。

4.2.11.1　涉税条款设计

（1）按税收要求进行合同备案或按税务要求提供副本。

（2）承包合同要按税收征管法要求履行报告义务。

注解：如建筑公司发包工程有报告义务。《税法征管实施细则》第四十九条第一款规定，承包人或承租人有独立的生产、经营权，在财务上独立核算，并定期向发包人或出租人上缴承包费或租金的，承包人或承租人应当就其生产、经营收入和所得纳税，并接受税务管理。

（3）经济合同的条款不允许与税法相违背。

注解：《征管法实施细则》第三条第二款规定：纳税人应当按照税收

法律、行政法规的规定履行纳税义务；其签订的合同、协议等与税收法律、行政法规相抵触的，一律无效。

(4) 使用规范的合同范本并选择有利于降低税负的合同形式。

注解：对公司的经常性业务，按公司提供的规范合同文本签订。我国合同法分则列出了以下15种合同：买卖合同，供用电、水、气、热力合同，赠与合同，借款合同，租赁合同，融资租赁合同，承揽合同，建设工程合同，运输合同，技术合同，保管合同，仓储合同，委托合同，行纪合同，居间合同。以上15种在合同法中专门列出的合同，在法学理论上称为“有名合同”，但并不是只有有名合同才是有效的，凡是人们自愿订立的合同，只要不违反国家的法律法规，不违反社会的公序良俗，哪怕《合同法》没有专门将它列出也是有效的，同样受国家法律的保护。

根据税法规定，如果聘用人员与公司签订了劳动合同，存在工资、人事方面的关系，那么其在公司工作所取得的报酬属于工资、薪金所得范畴；如果未与单位签订合同，仅因某一特定事项临时为公司工作，那么得到的报酬属于劳务报酬所得范畴。根据相关规定，签了劳动合同的员工，其收入不征营业税，而未签合同的，则属于提供应税劳务范畴，须缴纳营业税。

(5) 合同签订要防止陷阱、欺诈与纠纷。

注解：价格是合同中的重要条款，不同的价格会给企业带来不同的税收负担，因此在签订合同时一定要关注价格的表述。

在合同表述时，主要涉及以下三种销售价格，含税价格与不含税价格、离岸价与到岸价、出厂价与目的地价。这三对价格在合同中如不能准确表述的话，则有可能导致企业增加许多税收成本。

(6) 选择有利于降低税负的货款结算方式。

注解：合同中规定的货款结算方式与税法规定的纳税时间有直接关系。在税法上，能够起到降低税负效果的货款结算方式主要有赊销与分期收款方式、赊购与分期付款方式。对于分期收款销售，按照税法规定，纳税义务发生时间为合同约定收款日期的当天，所以对于销售量较大的商品，企业如签订分期收款销售合同，则可以分期缴纳税款，从而将整体纳税进行分解，起到延迟纳税的作用。

(7) 财务人员应对合同按要素逐项进行涉税审核。

注解：《合同法》第十二条规定　合同的内容由当事人约定，一般包括以下条款：（一）当事人的名称或者姓名和住所；（二）标的；（三）数量；（四）质量；（五）价款或者报酬；（六）履行期限、地点和方式；

（七）违约责任；（八）解决争议的方法。

(8) 签订合同应坚持财务终审和约定“凭票付款”的原则。

注解：绝大多数企业的合同签订未经财务人员研究与建议，一般都是采购部、销售部、投资部、行政部、法务部、法律顾问决定。即使经济合同给了财务研究部门，也看不懂，提不出意见，久而久之将财务排除在外；财务人员履行职责提出改进意见，可能会增加业务操作步骤，其他部门因嫌麻烦烦琐，不让财务参与。事前介入业务，提出税务管理观念，换回必要的经济利益。

合同是税务风险的主要载体。签合同的人不了解合同的税务风险就会埋下税务地雷，让企业蒙受意外损失。

(9) 集团内部资产调拨、费用分摊、资金拆借等经济往来原则上应签订合同。

注解：总分机构资产调拨单据涉税风险处理（M 公司将其部分非货币性资产无偿调拨给 A 公司），集团管理费用分摊协议（规章）涉税风险处理，捐赠赞助合同及内部领料单据涉税风险处理，资金拆借协议涉税风险处理；股权变更合同税务分析。

(10) 在签订涉外商务合同时应充分关注的税收问题。

注解：劳动合同与劳务合同的分析、经济活动盈利模式选择、合同主体选择、合同形式选择、合同效力安排、涉税条款设计、合同变更/解除/终止安排、合同转让技巧等。

(11) 企业必要时应聘请税务顾问审核合同税收风险。

注解：合同草案形成后，业务经办人应当认真填写《合同签订审批表》中“业务经办人”一栏内容，填写完后，与合同一起送交有关人员进行审查。负责审查合同的有关人员应审查该合同是否具备合同应有的主要条款，如：对方当事人的基本情况、合同标的、数量、质量、价格价款、有关技术性指标、履行期限、付款方式、担保、履行能力和资信情况、合同主要风险和防范措施、对方当事人提供的有关证明等。合同审查完后，按审批权限送审批人审批。

(12) 公司财务部门对合同项下的付款和收款进行监督管理，并对结算方式是否符合国家规定，以及开出或接受的票据的规范性、有效性、安全性进行审查。

(13) 在合同取得最终审批同意之前，任何人不得在合同文本（包括备忘录、对账记录、库存处理或折价让利、债务延期或对充协议等确认或变更、消灭权利义务关系的协议性文件）上签字或盖章。

(14)《借款合同》、《担保合同》无论标的金额大小，均由计财部门负责人提出，总经理审核并在合同背面签署意见和签名，公司董事长签署。

(15) 公司签约《采购合同》、《货运合同》、《建设工程合同》等合同时，应同时与第三方签订“商业操守协议”。

(16) 合同文件用词要准确、规范，不得使用错误、含糊、易产生歧义的字、词、句。涉及计量的条款应当使用按国家标准确定的词语。涉及滚动发货或连续业务的，应当在合同条款中明确对方当事人以往的欠款金额和偿付时间。

起草或修改合同应当充分考虑风险和防范风险，尽可能降低本公司的风险，并在合同中订立相应的防范风险的条款。

4.2.11.2 典型示例——经济合同税务管理模范条款精编（一）

条款1：

在购货方未付清货款前，货物所有权仍属于供货方。

条款2：

承租方承租使用房屋的房产税及物业占地土地使用税由出租方承担。如果发生承租方缴纳前述税款的情况，承租方有权从应付出租人的租金中扣除并按银行同期贷款利率加计资金占用费。

条款3：

运输费计算标准包括因提供运输服务所支付的人工费、设备维修费、保险和因提供运费服务而需缴纳的各项税金。

条款4：

因税务代理人发生过错造成委托人未缴或者少缴税款并且导致委托人被税务机关处以罚款或/和停止供应发票的，由乙方赔偿甲方罚款损失（此条款易达成）。

或：

因税务代理人发生过错造成委托人未缴或者少缴税款并且导致委托人被税务机关追缴税款、加收滞纳金、停供发票、行政罚款的，由代理人承担（此条款比较难达成）。

条款5：

甲方项目建设期间等其他环节的所有税（除销售过程的营业税外）全部包含在乙方向甲方交纳的土地总价款等规费项目中，乙方不再另行承担。

或：

甲方土地出让金地方留成部分（或其他政府规费项目）或/及甲方其他规费项目，作为投资开发扶持资金拨付乙方。

采购合同增值税发票涉税自保条款集——

条款1：

供货方声明其具有增值税一般纳税人资质并同意向采购方开具增值税专用发票结算货款。

条款2：

供货方应按规定及时向采购方开具和提交增值税专用发票；

在分次收付款过程中的任何结算时点，供货方开具并提交采购方的增值税专用发票的价税合计金额不得低于采购方已经支付的价税合计款项。

条款3：

供货方开具的票据必须是由供货方从其发票主管税务机关购领或经其主管税务机关批准自印或监制的发票；供货方必须按照合同约定的价款（或采购方实际付款金额）开具票据并提供给采购方；供货方必须保证提供给采购方的发票的票面数据与供货方缴销税务机关和供货方所留存的发票存根联填列数据相符。

条款4：

发生下列任意一种情况而给采购方造成经济损失的，供货方负责赔偿采购方有关经济损失：

(1) 因供货方提供的发票不符合税务部门的要求，导致采购方从供货方取得的增值税专用发票不能认证抵扣进项税金；

(2) 因供货方提供的发票不符合税务部门的要求或因供货方其他原因，导致采购方从供货方取得的增值税专用发票虽可通过认证抵扣进项税金，但认证后被税务机关以“比对不符”或“失控发票”等事由追缴税款。

条款5：（商贸企业辅导期间特有条款）

在采购方从供货方取得的进项税金抵扣税凭证经税务机关交叉稽核比对无误获得抵扣以前，采购方有权暂不支付相当于前述抵扣税款的那部分款项。

条款6：

供货方开具的增值税专用发票在送达采购方以前或之后如发生丢失、灭失或被盗，供货方均应负责按税法规定向采购方提供有关丢失发票的存根联复印件，均应负责提供供货方所在地主管税务机关开具的“增值税一般纳税人丢失防伪税控开具增值税专用发票已抄报税证明单”，积极协助采购方在税法规定期限内办理有关的进项税额的认证申办手续，否则，由此造成的经济损失，由供货方承担。

4.2.12　企业票据制度设计例解

票务管理贯穿公司发展的始终，无论是最初艰难的创业阶段，还是后来蒸蒸日上的发展阶段，甚至是折戟沉沙的衰退期，票务管理都是企业的命脉，在企业财务管理中占有十分重要的地位。

4.2.12.1　涉税条款设计要点

企业票据制度设计要点如下：

（1）了解法律法规对票据的规定以及主管税务机关的具体要求；

（2）企业中有从其他单位取得发票的工作人员都应该具备判断发票真伪的基本常识；

（3）单位收取按税收法律、法规规定不征收营业税款项的情况应开具非经营收入发票；

（4）支付境外费用，应要求其提供境外公证机构或者注册会计师的确认证明，经税务机关审核认可后，方可作为记账核算的凭证；

（5）企业预收款项应正确使用税务机关监制的收款收据或预收款凭证；

（6）明确企业应严格票据开具和取得的时间界限；

（7）企业应凭合法有效扣税凭证进行纳税申报；

（8）明确运输发票抵扣增值税应注意事项；

（9）要按规定正确处理丢失发票；

（10）电子票据应持谨慎原则，使用并确保信息的安全性；

（11）企业应规定申请代开发票的情形；

（12）购销合同必须注意发票风险防范；

（13）明确及时正确处理跨年度取得发票；

（14）几种特殊情况的规定；

（15）应用发票工具进行筹划。

4.2.12.2　典型示例——某原料公司规避税务风险的发票管理办法

"各业务科室在与供方签订采购合同时，要调查供方是否具备销售该产品的经营资格，并要求提供工商营业执照、税务登记证等；要审核开具的发票信息与税务登记证是否相符；做到发货单位、发票开具单位、收货款单位的物流、发票、资金三者统一；业务部门采购物资收受发票时，要仔细检查发票开具是否规范，发票要素是否填写完整规范，即，购货单位、日期、货物名称、数量、单价、金额、销货单位印章等；所有对外销售不论是原材料、产品还是废旧物资，也不论对方是否索要发票都要开具销售发票；生产经营项目不能让不具备法人资格和不能承担法律责任的单位和个人承包。另外，该公司还规定了各业务科室的科长为业务风险的第一责任人，承担本科室业务损失的相应责任。

4.2.13　税务争议制度设计

税收征纳实践中，税务行政机关与纳税人之间的争议不可避免。一旦发生争议，按传统税法理论，可以通过复议或诉讼的方式寻求救济。

《税收征管法实施细则》第一百条规定：《税收征管法》第八十八条规定的纳税争议，是指纳税人、扣缴义务人、纳税担保人对税务机关确定纳税主体、征税对象、征税范围、减税、免税及退税、适用税率、计税依据、纳税环节、纳税期限、纳税地点以及税款征收方式等具体行政行为有异议而发生的争议。

具体到税种的实体法政策规定中，以企业所得税核定征收异议解决为例。为加强和规范企业所得税核定征收工作，2008 年 3 月 6 日，国家税务总局制定了《企业所得税核定征收办法（试行）》（国税发〔2008〕30 号，以下简称“新办法”），对企业所得税核定征收办法进行了调整。

异议的处理方法：旧办法：纳税人对其企业所得税征收方式的鉴定、核定的应纳税额或应税所得率等事项有争议的，可在规定的期限内依法向上级税务机关申请复议，对复议结果不服的，可向法院起诉。新办法：纳税人对税务机关确定的企业所得税征收方式、核定的应纳所得税额或应税所得率有异议的，应当提供合法、有效的相关证据，税务机关经核实认定后调整有异议的事项。此外，新办法取消了旧办法中对实行核实征收方式的不得享受企业所得税各项优惠政策的规定。

税务实践中，税务争议不可避免。税收争议通常发生于税务行政机关和纳税人之间，对税收争议的解决催生了相应的税收救济制度，包括法律途径和非法律途径。其中的法律途径主要指税收行政复议和税收行政诉讼。我国的税务行政复议在与税务行政诉讼的衔接方面，采取必经复议与选择复议相结合的模式或体制。由于征税与纳税而发生的纳税人、扣缴义务人、纳税担保人与税务机关之间税收方面的争议，税务行政复议是税务行政诉讼的必经前置程序，未经复议，行政相对人不能向法院起诉。对于其他税务争议，如因处罚、保全措施及强制执行等引起的争议，行政相对人才可以选择适用复议或诉讼程序。至于非法律途径，也就是实践中存在的解决税务争议的另一种方法——税务契约，如预约定价安排、稽查约谈制度等。税务契约在市场经济和民主法治观念深入的今天成为解决税务争议的可能方式。适用得当，不仅能规避复议和诉讼的固有不足，而且能提高税务争议解决效率。当然上述解决税务争议的方法孰优孰劣，如何选择，企业要随机应变、因地制宜，具体问题具体分析。

4.2.13.1 涉税条款设计要点

（1）解决税务争议应遵循和谐的思维和理念。

注解：解决税务争议的理念可以是斗争的思维、经济的思维，也可以是和谐的思维。不同的思维方式和理念，产生的效果是不一样。斗争的思维是“文革”期间的思维，是低级形态的思维，已经与发展社会相悖。经济思维在反腐倡廉的今天有很大的风险元素，现代社会崇尚和谐、沟通和妥协的价值理念，诉讼太多毕竟耗费社会成本，本身不是一件好事。如果大量的纳税争议都涌到法院也未必是和谐社会的标志和税企争议的解决之道。保护纳税人权益的治本之策并不在于人为打开涉税诉讼的闸门，而在于税务机关能否又快又好地提高依法行政的水平，将司法理念引入税收行政执法。在构建和谐社会的今天，解决税务争议的理念应从斗争的思维到经济的思维走向和谐的思维。和谐的思维是解决税务争议的重要理念。

国外有一种类似仲裁庭的税务调解机构，由税收领域的专家学者、法官、律师等共同组成，来帮助税企之间协商调解纠纷，来缓解税务机关和税收法律政策引用和解释方面的强势地位，但这种途径目前在我国还处于既无制度框架也无执行机构的阶段。

（2）解决税务争议的途径选择。

注解：解决税务争议途径可以选择税务行政复议，也可以选择税务行政诉讼，还可以选择税收契约。税务行政机关偏爱权力手段的法律取向，已经越来越表现出与税法的法律价值相违背的一面，税收契约恰好适应了现代税法学的发展，为我们解决税收理论和实践问题提供了一条可供选择的方法和思路。在解决税务争议时，税收契约成为税收行政复议和行政诉讼外可供选择的重要方法。此外，税法中的效率原则也为税收契约提供了理论依据。契约中蕴涵的平等、协商理念正是我国当代税务行政中的稀缺品质。这种理念对于提升纳税人主体地位、增进税收公平、改善征纳关系、实现高效行政都颇具现实意义。

对大型企业而言，最大的风险是企业确定的关联交易价格和税务机关认可的公平交易价格之间存在差异。举例而言，如果企业确定关联交易价格在可比企业中属于中低档次，而税务机关所选取的数据又恰好在可比企业中为中高档次，这时企业就存在一定程度的税收风险。而如果事先已经进行了预约定价安排，企业就不再有这个担心和顾虑，企业的前景将更加明朗。

据了解，国内外大型企业的财务经理对预约定价安排也持非常积极的态度。因涉及诸多因素，关联企业之间的交易定价不太容易达到十分精确，存在争议是正常的。如果税务机关在事后进行调整，那么税企双方的争议必然很多；如果能在事前约定关联交易的价格，那么，争议自然就会明显减少。

（3）解决税务争议的方式方法。

在多数情况下，基于人的行为惰性，纳税人解决税务争议普遍采取口头方式，而不习惯也不善于采用书面的形式。很多企业只会说企业困难没有钱，要税务高抬贵手等等，而不善于从策略层面以书面的方式去加以解决。实际上书面形式有时其效果出乎意料，让作为管理相对人的纳税人能够化被动为主动，争取主动权。例如，某一书面报告的结构及其写作注意事项如下：

第一，应以本公司红头文件（企财字）第……号，题目为：《关于未上缴尚未上缴的借款利息应缴的个人所得税的报告》。

第二，要写好开头。表达出这种理念："在税务局大力支持下，我公司认真遵循税法，为维护政府纳税秩序，建立良好关系作出应有贡献。"

第三，报告要认真琢磨，结构严谨，条理清楚，文字通顺。如：

（一）业务内容。

（二）文件依据。

（三）情况说明。

（1）认识不清，承认错误；

（2）文件适用，略有异议；

（3）情况特殊，绝非故意（如社会影响小，因缺乏知识或经验而对税法作狭义理解）；

（4）经营困难，恳请扶持。

第四，应抄报上一级税务机构，如抄报省税务局，以免经办部门的轻视与忽略。

（4）解决税务争议决策前应分析风险。

注解：解决税务争议决策前应分析风险因素，通俗地讲，就是解决税务争议活动可能因各种原因失败而付出的代价。由于解决税收争议是在争议行为发生之后作出的决策，而税收法规具有时效性，再加上经营环境因素及其他因素的错综复杂，使其具有不确定性，蕴涵着较大的风险。因此，在解决税收争议时应充分考虑风险性因素。具体包括政策风险、操作风险、经营风险、执法风险。以上这些都是解决税务争议过程中客观存在的风险，也是企业在解决税务争议过程中应当加以研究和重视的因素。

（5）要善于用法律武器维护自身权益。

注解：一些纳税人对税务部门敬畏有加，不仅使得一些老老实实的纳税人不敢越雷池一步，也使得一些纳税人对来自于税务部门的意见或要求总是言听计从，而不管这些意见或要求是否合法、合情、合理，这就可能使得自身合法权益得不到应有的保障。只要自己依法诚信纳税，自觉履行纳税义务，就不必心存顾虑。一旦遭遇到侵权行为，或者对税务机关的行政处罚有异议时，希望所有的纳税人都能勇敢地拿起手中的权利，为自己讨回公道。

（6）应用调处机制规避税收风险。

注解：企业在日常税务管理活动中，经常会面临很多具体的实际问题，如何规避税务风险也是非常重要的。

4.2.13.2 典型示例

一、某省电力工程有限公司文件

闽集电字〔2010〕1号

关于“甲供设备”税收问题的报告

省地税局：

本公司前身是省机电设备安装检修有限公司，2009年初进行更名为有限公司，本公司专门从事于承接社会业务，具有承担水电厂水轮发电机组，电网发供电设备检修安装，建筑业的金属结构等各行业的设备安装、试验、调试、技术改造、起重运输业务。多年来企业得到了地方政府和基层地税部门的关心和支持，在艰难的竞争环境中得到了生存。2008年，在世界金融危机、业务不景气的情况下，公司在困难中努力经营，经营收入达到2769.62万元，税前利润突破100万元大关（达130.08万元），税后利润95.46万元，企业在发展的同时对社会作了较大的回报，2008年企业上缴各种税收466.57万元，占企业营业收入总额的16.85%，占留存收益的4.9倍，被地方政府授予财政贡献奖称号。我们企业的发展靠的是诚信经营、薄利多销的经营策略，然而2008年公司在对外竞接业务过程中，出现了甲方技改项目的甲供设备问题，给我们企业经营带来很大压力。鉴于本企业在社会承接业务困难，企业所承接该类项目利润率较低，已上缴各种税收数额较大等事实，加上此前贵局对出现此种困难的其他类似企业，也曾出台甲供设备在营业税计税营业额中允许扣除的相关文件予以大力扶持，如：《福建省地方税务局关于下发我省高速公路监控、收费、通信系统机电项目工程营业税计税营业额中允许扣除设备价值具体设备名单（第一批）的通知》（闽地税函〔2007〕208号）、《福建省地方税务局关于下发我省电力设备安装工程营业税计税营业额中允许扣除设备价款的具体设备名单（第一批）的通知》（闽地税函〔2007〕209号）、《福建省地方税务局关于北京建工集团有限责任公司福建分公司建筑安装计税营业额问题的批复》（闽地税函〔2007〕112号）。为此我们特向贵局申请：对本企业所上报甲供设备希望批准在营业税计税营业额中允许扣除，以解经营困境，望予审批为盼。

谢谢大力支持！

附：甲供设备明细表。（略）

某电力工程有限公司

2010年08月12日

二、应用调处机制规避税收风险成功案例

不久前我们接触了一位房地产开发商，在规划建设的时候，已经进入施工阶段了，没有想到，在施工规划设计中，可能考虑得不够周全，对周围的居民住宅挡光了，而且其他重要的建筑物也被挡上了，那是一个教堂，即社区的宗教场所。于是，房地产开发商周围的小区居民和宗教工作者就纷纷找房产开发商“讨说法”，并要求房地产开发商停工。后来房地产开发商迫于压力，怕进一步引发事端，就主动跟居民、教堂谈判并达成了补偿协议，约定支付“挡光费”后可以由房地产商继续施工，居民与教堂对其也就不再追究了。这便是房地产开发企业整体金额1000多万元的“挡光费”的由来。回到税收问题上来，这个企业的财务总监还是比较有经验的，她的脑子里马上产生了这么个问号：房地产公司对周围的居民、教堂，即将支付的“挡光费”，究竟能不能在企业所得税前扣除？这个企业的财务总监给我们打了电话，如实地叙述与请教。

我们的答案是：如果“挡光费”是真实发生的，是可以在企业所得税前扣除的。因为从税收的法理来看，这都是属于您的相关支出。按照我们国家《企业所得税法》“实质重于形式”、“真实性”等的原则性规定，付出“挡光费”是可以在所得税前扣除的。

但是，税务部门检查的时候也有一个顾虑存在。如果说您跟周围的居民、教堂签了一个协议，付款时只有收款收据。那么，这样的情况下如果

在企业所得税前据实扣除，则税务机关方面也有一定压力。因为，假如推而广之，旁边的开发商，也找一些居民，也签了一个协议，把钱也付出了，在没有收款方的合法抵扣凭证——正式发票的前提下，如果也可以从企业所得税前扣除，那么，今后税务机关将怎样证实这种税前扣除项目的真实性？这就给征纳双方造成了一定程度上的“执行难”，同时，即便这一任的税务局主管干部准许您税前扣除，也保证不了下一任的税务局主管干部会旧案重审，将其认定为未取得合法凭证而不可税前扣除的项目。

进而言之，“挡光费”就是这样一种成本费用的代名词——收款方不可能给付款方出具正规的发票。作为付款方企业的财务总监，应当如何控制类似情况的税收风险？我们的答案如下，既然税务机关已关注凭证问题，既然收付双方已协议发生了“挡光费”，那么有种办法是：在“挡光费”的事件上，同周围的居民和教堂协商，协商什么呢？既然付款项了，请配合我做一个动作，我把钱给你了，但却没有任何证据，更准确地说是没有任何可用以扣税的合法证明。令所有人都满意的解决之道为：让附近的居民找一个代表或者教堂到法院起诉企业，然后，不必通过法院的判决程序，而是由法院书面调解，即把大家召集到一起，以法院的身份出一个书面调解书。这种情况下再支付这笔“挡光费”，就不再会有税收风险之虞。为什么这么处理呢？这么处理以后你就取得了第三方的证据，税务机关再检查的时候，这一成本费用的真实性、客观性就得到了印证。如果没有这样一个证据链，仅凭收付款双方达成的协议为证，税务机关在采信的时候有一定的压力。但如果有法院的法律文书，就等于是使房地产开发企业的税务风险限定在可控的范围内。不管今后谁来查账，纳税人都可以提供第三方同时也是“官方”的证据。

4.2.14 企业涉税风险与安全制度

（1）产品促销纳税策略与风险控制及安全策略；

（2）政府补助纳税策略与风险控制；

（3）销售返利纳税策略与风险控制；

（4）以物（房）抵债涉税策略与风险管理；

（5）股权转让收入纳税策略与风险控制；

（6）租金收入的涉税策略与风险管理；

（7）甲供材料的纳税策略与风险管理；

（8）工资薪酬的涉税战略与风险管理；

（9）借款利息纳税策略与风险管理；

（10）企业违约金和赔偿金涉税分析；

(11) 捐赠支出的纳税策略与风险管理；
(12) 个人费用在企业报销的纳税策略与风险管理；
(13) 企业往来账目的涉税风险管理与风险控制；
(14) 税收优惠应用涉税策略与风险管理；
(15) 税负分析与税务风险管理；
(16) 企业税务危机与危机管理策略；
(17) 经济合同涉税分析策略与风险管理；
(18) 纳税申报的涉税策略与风险管理；
(19) 企业票据涉税风险管理；
(20) 企业成本风险管理与纳税策略。

附：特殊业务的风险点识别要点

- 非货币性资产风险点：

(1) 非货币性资产交换业务通过体外循环的方式，偷逃税款；
(2) 直接调整非货币性资产的账面记录，不确认损益申报纳税；
(3) 利用交易双方的关联关系，在关联方之间进行利润的转移；
(4) 故意混淆各税种计税依据的确认，少缴税款；
(5) 不具有商业实质或公允价值不能可靠计量的非货币性资产交换，未按税法规定进行纳税调整，影响当期应纳税所得额；
(6) 整体资产置换重组业务，未按规定纳税。

- 债务重组风险点及常见涉税问题：

(1) 利用虚假债务重组，调节利润，少申报缴纳税款；
(2) 债务重组所得计入资本公积，未作纳税调整；
(3) 纳税人确认预计负债，少计的债务重组收益未申报纳税；
(4) 关联企业之间利用债务重组业务逃避税款。

- 投资业务风险点及常见涉税问题：

(1) 少计投资成本多列当期费用；
(2) 隐匿、截留投资业务的持有收益；
(3) 视同销售未按税法规定缴纳各税；
(4) 混淆免税收入和应税收入的界限，少计应税所得。

- 企业合并税务风险点及常见涉税问题：

(1) 被合并方未按税法规定确认所得，偷逃企业所得税；
(2) 合并方取得的资产不按税法规定摊销，多计成本费用，影响当期和以后期间应纳税所得额；
(3) 合并方合并对价中的非货币性资产支付不确认资产的处置收益；

(4) 合并取得的商誉分期摊销或计提减值准备在税前扣除；

(5) 合并企业多弥补被合并企业合并前发生的亏损。

● 股权转让企业风险点及常见涉税问题：

(1) 少计或不计投资转让所得，少缴企业所得税；

(2) 多计股息、红利收入，少计股权投资转让所得；

(3) 提前弥补股权投资转让损失。

● 建造合同风险点及常见涉税问题：

(1) 合同收入未按照完工百分比法分期确认，少缴流转税和企业所得税；

(2) 因合同变更、索赔、奖励等形成的收益不计收入，偷逃税款；

(3) 合同完成后处置残余物资取得的收益不计入收入；

(4) 对于合同预计总成本超过合同总收入的预计损失，企业提取损失准备，在计算应纳税所得额时不作调整；

(5) 借款费用重复扣除或提前扣除。

国瑞鼎泰温馨提示：

1. 企业涉税制度设计应涵盖主要税种和经济活动的主要方面，尽量全面。

2. 企业涉税制度设计之前不仅要按照方法篇要求的程序做好内部调查工作，更应调查现行的税收政策。

3. 企业涉税制度条款设计应简明扼要，具有较强的指导性和操作性。

4. 企业涉税制度应设计“管制度的制度”条款，如规定应怎么做的同时，还要规定不做该怎么处罚，如职工借款不仅规定报账的时间，还要规定不报账取消差旅费补贴。

5. 企业涉税制度条款应经常维护，随政策和经营情况的变化不断更新、修改和完善，一般一年一次。

第 5 章

企业涉税制度范本

5.1 某集团薪酬管理制度

第一章 总 则

第一条 为了完善公司薪酬分配体系，规范员工工资的确定与调整，发挥薪酬的保障和激励功能，依据中华人民共和国有关法律法规和公司企业文化及董事会有关决议，特制定本办法。

第二条 薪酬管理程序：

1. 制定薪酬原则与战略；
2. 岗位分析与评价；
3. 地区行业薪酬调查；
4. 薪酬制度结构确定；
5. 薪酬等级与标准；
6. 执行薪酬制度、控制和调整。

第三条 原则：

1. 在保障员工最低生活水准的前提下奖勤罚懒，按贡献分配，兼顾企业发展与实际现状的需要；
2. 公平合理，充分体现价值和责任；
3. 员工收入与个人工作业绩和公司整体经济效益相联系；
4. 妥善处理积累与消费、长期利益与短期利益的关系，形成企业经营持续发展、员工生活不断改善的良性循环；
5. 参照劳动力市场工资指导价位合理确定岗位工资标准和工资差距，工资向高职位、高技术人才倾斜。

第四条 公司董事会负责批准年度利润分配方案，根据公司战略及劳动力市场工资确定年度工资方案调整或工资增长幅度。

第五条 在本制度规定工资种类和工资范围内，公司各级主管可依照各自权限，根据员工的学历、专业职称、业务知识和岗位技能、贡献与业绩核定员工职等和工资职级，或决定晋级和晋等。

第六条　员工薪资调整程序为：

1. 部门填写调资申请表；

2. 行政人事部复核；

3. 总经理批准；

4. 行政人事部通知财务部和员工本人；

5. 行政人事部存档。

部门经理以上人员的工资调整按职位说明书所述权限办理。

第七条　本办法适用于公司在职在岗员工，生产工人、业务人员若实行计件制或佣金制等其他奖酬办法，可参照执行，公司聘请顾问、兼职人员、外借人员工资按有关协议办理。

第二章　薪酬结构

第一条　工资结构：基本工资 + 岗位工资 + 奖金 + 工龄工资 + 地区补贴。

基本工资（基本生活费）：是为保障员工最低生活需要而支付的工资，数值上接近公司所在地区最低工资标准。

第二条　岗位工资：根据员工岗位工作性质、学历要求、所需专业知识、技能、工作难度及行为对公司的影响程度和贡献而支付的工资。

第三条　奖金：是根据员工工作业绩的优良程度和公司经济效益状况而支付的工资，用于鼓励员工提高工作质量和效率，既与企业效益有关，又与个人绩效有关。

1. 月绩效奖金于每月随同月工资发放

$$Jm = X \times Km/Rm \times Em/(P \times N)$$

其中：Jm 为月绩效奖金；X 为员工岗位工资值；Em 为公司（或部门）可分配的月效益工资总额，由公司董事会依据总净利润和战略政策决定奖金所占比例；Km 为员工月绩效考核得分；Rm 为公司的月标准考核分；P 为公司（或部门）员工平均岗位工资值；N 为公司员工总人数。未实行员工绩效考核的单位或部门，人均按 K/R = 75% 计算。

2. 年绩效奖金于每年春节发放

$$Jy = X \times Km/Ry \times W \times Ey/12(P \times N)$$

其中：Jy 为年绩效奖金（年终奖金）；Km 为员工年终考核得分；Ry 为年度标准考核分；W 为员工当年实际工作月数；Ey 为公司（或部门）可分配的年绩效奖金总额，由公司董事会依据总净利润和战略政策决定奖金所占比例；X、P、N 同第一条。

3. 其他奖金：除绩效奖金外，公司视业绩增长及个人贡献程度而实施非例行奖励，如目标奖、季度奖、特殊贡献奖、项目浮动奖、先进奖、优惠选购股份等，届时由公司董事会或总裁办公会议决定。

第四条　工龄工资：员工在公司工作每满 1 年增加工龄工资 10 元，最多不超过 100 元。

第五条　地区补贴：公司为平衡不同地区物价水平、生活水准差异而支付的补贴。

单位：元

职务地区	总裁（副）级	总经理（副）级	经理（副）级	职员级
一类地区	210	180	150	120
二类地区	175	150	125	100
三类地区	120	105	90	75
四类地区	100	75	60	45

地区类别划分标准同《差旅费用报销管理》。

第三章 职级划分

第一条 根据员工岗位工作性质、学历要求、所需专业知识、技能、所任职位难度、责任和贡献及工作行为对公司的影响程度，结合劳动力市场，将公司所有职位划分为 9 等 33 级，各级职位岗位工资范围见下表。

职等	职级	岗位工资（元）	岗位
A 等（900 元/级）	A1	8530	总裁
	A2	7630	
	A3	6730	
	A4	5830	
B 等（600 元/级）	B1	5830	副总裁、总裁助理、总会计师、总审计师、总经济师、总工程师、总畜牧师、总兽医师、人力资源总监
	B2	5230	
	B3	4630	
	B4	4030	
C 等（400 元/级）	C1	4030	部长、分公司总经理
	C2	3630	
	C3	3230	
	C4	2830	
D 等（300 元/级）	D1	2830	副部长、部长助理、分公司副总经理、总经理助理、博士毕业生
	D2	2530	
	D3	2230	
	D4	1930	
E 等（180 元/级）	E1	1930	分公司部门经理、高级工程师、高级畜牧师、高级会计师、高级人力资源管理师
	E2	1750	
	E3	1570	
	E4	1390	
	E5	1210	

续表

职等	职级	岗位工资（元）	岗位
F等（110元/级）	F1	1210	总裁办秘书、分公司部门副经理、经理助理、会计师、畜牧师、工程师、人力资源管理师、高级技师、高级厨师、硕士毕业生
	F2	1100	
	F3	990	
	F4	880	
	F5	770	
G等（80元/级）	G1	770	科长（主办）、分公司总经理秘书、车间主任、片区经理、工段长、班长、助理工程师、助理会计师、助理人力资源管理师、助理政工师、助理畜牧师、技师、厨师
	G2	680	
	G3	590	
	G4	510	
	G5	430	
H等（60元/级）	H1	430	工程技术员（机械、工艺、品管）、业务代表、一般行政职员（人事、总务、会计员、出纳、统计、开票、文员、内勤、外勤）、司机、技术工人（总控、机修、电工、水处理、锅炉工、制粒）、保管、地磅、保安、大学毕业生等
	H2	370	
	H3	310	
	H4	250	
	H5	190	
I等（40元/级）	11	190	一般操作工、饲养员、清洁工、炊事员、园林工、服务员、勤杂工、中专毕业生等
	12	150	
	13	110	
	14	70	
	15	30	

第二条　员工职等依据员工的岗位、职务、学历就高不就低，岗位新手或职务新任原则上都定在对应职等的最低职级，若员工在学历、同等职位工作经验、专业知识、业务水平等方面较为突出，可按下表有关条款计算浮动级数，累计浮动级数之和大于0.7，可在对应职等范围内上浮1个职级。

1. 责任大小：指该岗位相对于此职等的其他岗位对所属部门的负责程度及其对公司安全、管理、经营、效率的影响程度。

项目 / 提级 / 程度	负责程度	安全	管理	经营
高	0.5	0.5	0.5	0.5
较高	0.3	0.3	0.3	0.3
稍高	0.1	0.1	0.1	0.1
一般	0	0	0	0

2. 工作难度：指该岗位相对于此职等其他岗位对上岗人员能力素质的要求，工作协调处理难度。

项目 / 提级 / 程度	专业知识广度	专业知识深度	需协调内部岗位多少	需协调外部岗位多少
高	0.5	0.5	0.5	0.5
较高	0.3	0.3	0.3	0.3
稍高	0.1	0.1	0.1	0.1
一般	0	0	0	0

3. 学历、经历、综合素质：指上岗人员相对于所属职等其他岗位的学历、综合素质及相对于同岗位的专业水平。

项目 / 提级 / 程度	学历	工作经验	综合技能	专业技能
高	0.5	0.5（5年以上）	0.5	0.5
较高	0.3	0.3（2年以上）	0.3	0.3
稍高	0.1	0.1（1年以上）	0.1	0.1
一般	0	0	0	0

第四章 工资管理与支付

第一条 日工资（一周工作5天半，每日工作8小时），年工作日277天，日工资=月工资（元）/23.08（天），时工资=日工资（元）/7.5（时）。

第二条 确定岗位的试用员工月工资按所定职级享受基本工资+岗位工资+地区补贴，不享受绩效工资；未定岗位的试用员工（储备）享受基本工资+岗位工资×50%+地区补贴；实习生只发放基本生活费。

第三条 员工在法定工作时间内依法参加社会活动，公司当视同其提供了正常劳动而支付工资。

第四条 员工依法享受年休假、探亲假、婚假、丧假期间，公司按劳动合同规定的标准支付员工工资。

第五条 员工加班、夜班补贴、因病、工伤、事假、迟到、早退、旷工、产假期间工资按公司考勤管理制度计发。

第六条 因工作岗位变动而发生工资变动的员工，15日前变动当月工资按变动后工资计发，15日后变动当月工资按变动前工资计发。

第七条 按照统核统发的办法，全体员工月工资由公司行政人事部统一管理，每月 5 日前由行政人事部按员工考核情况、出勤情况造表交财务部复核后呈总经理批准；单独以其他形式计发工资的部门，由部门专人造工资表，交行政人事部和财务部复核后呈总经理核准。

第八条 工资计算时总额若有未达元之尾数，一律四舍五入为整元。

第九条 公司财务部（可委托银行）于每月 8 日前以法定货币形式（人民币）支付员工本人上月工资，若遇节假日或休息日，则应提前在最近的工作日支付。员工本人因故不能领取工资时，可由其亲属或委托他人代领。

第十条 工资发放书面记录（员工姓名、工资数额、时间、领取者姓名及签字）须保存 3 年以上备查。

第十一条 为利于公司高层管理人员的相对稳定，A、B 等高级职员每月支付其工资总额的 70%，其余 30% 于年底支付或于合同期满时一并支付。

第十二条 对完成一次性临时劳动或某项具体工作的临时用工，可按有关协议或合同规定在其完成任务后支付工资，工作时间超过 1 个月的，按上款时间支付工资。

第十三条 非常给付：员工或依靠员工收入赖以维持生计之家属，遇生产、受伤、疾病、死亡、结婚等非常状况时可以员工已出勤工资为限申请预领工资。

第十四条 特别给付：员工死亡、劳动关系双方依法解除或终止劳动合同时，应在劳动关系解除或终止时一次性付清员工工资。

第十五条 公司可以在发放员工工资时代扣代缴个人所得税、由员工负担的各项社会保险费用及其他法律、法规规定可以从工资中扣除的其他费用。

第十六条 因计算错误或业务过失而造成工资错发时，可立即结算差额部分，也可在下一个支薪日纠正差额。

第十七条 员工对工资产生疑义时，可于当月提出书面申请或到行政人事部查询，逾期视为弃权。

第五章 福 利

第一条 公司除为员工提供法定保险、培训、节日、初婚、抚恤、带薪休假等福利项目外，将视其经济效益，临时增设其他福利。

第二条 本章各项福利，不得以同一事故而重复给付。如因战争或其他不可抗拒的天灾等变故或自杀、犯罪致残或死亡，均不适用于本章所列各事项的给付规定。

第三条 公司按国家有关法律法规，为员工办理社会基本保险，具体按公司有关规定执行。

第四条 公司为员工提供培训和发展，包括在职辅导、公司内脱产培训、公费外派培训或学费赞助、报刊订阅，它代表了学习与自我发展的一种思维方式，旨在为公司及员工提供帮助，所有员工都有接受培训的权利和义务，公司希望通过培训和发展，所有员工能茁壮成长。

第五条 法定节假日、员工结婚、生育、因病、因事、亲属死亡，可按规定休假，休假期间薪资给付按公司考勤管理制度执行。

第六条　公司为员工提供符合国家规定的劳动安全卫生条件和必要的劳动保护用品，对从事有职业危害作业的员工定期进行健康检查。

第七条　公司为当班员工提供免费工作餐、茶水或防暑降温用品。

第八条　员工在公司服务1年以上，可享受3天全薪年假，3年以上可享受5天全薪年假，5年以上可享受7天全薪年假。

第九条　公司提供交通车接送员工上下班，必要时为有关人员配备交通工具。

第十条　公司在新年、春节、劳动节、中秋节、国庆节以及厂庆（公历8月18日）分别给付员工过节费以示庆贺，具体金额根据界时确定。

第十一条　公司为员工提供免费单身宿舍、夜班宿舍或住房租赁补贴，具体按住宿有关规定执行。

第十二条　在公司服务2年以上的正式员工初婚，公司将给予200元贺金（员工须出示结婚证）。

第十三条　公司员工病故或因工伤、残、亡，其供养直系亲属或本人可享受伤残补助金或一次性抚恤金。

1. 员工病故，工龄在5年以下，发给3个月基本工资，工龄在5年以上，每超过1年，加发1个月基本工资，最高不超过18个月基本工资。

2. 员工执行公务或因工伤、残、亡，伤残补助金或抚恤金按国家有关工伤法律、法规办理。

3. 员工意外死亡，凡由公司为其办理人身保险者，其抚恤金等费用首先由保险公司赔偿金额中支付，差额由公司补足。

4. 工龄在2年以上的员工之父母或配偶死亡，一次性给予200元慰问金。

第六章　附　　则

第一条　本制度解释权归公司行政人事部。

第二条　本制度经董事会批准后从颁布之日起执行。

附：参考薪酬方案1

管理人员工资待遇标准：

包括生活费+（岗位工资+岗位技能工资+效益工资）×岗位考核系数+出勤考核+夜班津贴。

生活费：300元

岗位工资：同职级划分表

岗位技能工资：

单位：元

职级 / 工作经验	副总级	部门经理	高级职员	中1级	中2级	初1级	初2级	普通职员
本科5年专科8年以上工作经验	≥600	400	600	400				
本科3年专科5年以上工作经验	600	400	500	400	300			
本科1年专科3年以上工作经验		400		400	300	200	150	
本科0年专科2年以上工作经验						200	150	
专科1年中专3年以上工作经验							150	100
专科0年中专2年以上工作经验								100

效益工资：（公司利润）

单位：元

公司利润 / 职级	10万元以下	10万~20万元	20万~40万元	40万~80万元	80万元以上
部门经理	0	200	300	500	600
高级职员	0	200	300	500	600
中级职员	0	150	220	380	450
初级职员	0	100	150	250	300
普通职员	0	70	100	180	200

考核系数按绩效管理制度执行，如未实行绩效考核，人均按0.75计算。

绩效薪酬是对员工完成业务目标而进行的奖励，即薪酬必须与员工为企业所创造的经济价值相联系。绩效薪酬可以是短期性的，如销售奖金、项目浮动奖金、年度奖励，也可以是长期性的。此部分薪酬的确定与公司的绩效评估制度密切相关。

5.2 企业经济合同管理办法

第一章 总 则

一、为了规范公司的合同管理，保障公司交易安全，减少和避免公司的经营风险，维护公司的合法权益和正常的经营秩序，根据《中华人民共和国合同法》和国家有关法律、法规，结合本公司实际制定本办法。

二、本办法所称合同是指本公司与自然人、法人或其他组织（以下称第三方）之间设立、变更、终止民事权利义务关系的协议。

三、公司订立、履行产品买卖、加工承揽、运输服务、建设工程承包、借贷、技术合同、合资、合作等各类合同，均适用本办法。

签署订立送货单、备忘录、对账记录、折扣让利、债务抵充等合同补充协议均按照本办法的规定执行。

四、签订和履行合同应坚持效益性与安全性兼顾的原则，认真预测和防范经营风险，防范欺诈或被恶意拖欠款项。不得订立有损国家利益、公司利益的合同，不得订立缺乏风险控制措施的合同。

五、公司对执行本规定实施奖惩制度，对执行本规定的绩效突出的部门和个人进行奖励；对造成公司风险或损失的部门和个人并负有失职责任的进行相应的惩处。

第二章 合同的订立

六、公司对外签订合同，除涉及金额在1000元以下并能即时履行的外，应当订立书面合同。对公司的经常性业务，按公司提供的规范合同文本签订。

按本规定不订立书面合同的，应当由业务经办人收集、保管合同履行的有关凭证。

七、订立合同可根据合同的性质、内容、标的额，由业务经办人或者由业务经办人、部门负责人等洽谈，重大合同应组成由公司主管负责人领导的合同评审（谈判）机构负责洽谈。

八、订立合同前，业务经办人必须认真了解对方当事人的情况，包括：主体资格、经营范围、履行能力、商业信誉等，并要求对方当事人提供相关证明文件或其复制、复印件。订立合同时，还要认真查验对方当事人签约代表的有关授权证明，确认其签约资格及授权范围，并妥善保存对方当事人提供的证明原件。

对方当事人或签约代表情况不明的，不得与之订立合同。为了解对方当事人的履约能力，必要时可由律师协助调查。

九、为签订合同的需要并应业务经办人的要求，可以向对方当事人提供相应的证明文件，如营业执照、授权委托书、介绍信等对本公司不构成风险的文件、资料，但授权委托书、介绍信等所记载的内容必须明确具体，不得使用能产生歧义的词句。

涉及公司商业秘密的文件资料或董事会决议等内部文件或资料，不得向对方当事人提供。

十、订立合同应与本公司的交易资格、履行能力、业务范围基本相适应。无营业执照的公司内部机构不得以自己的名义对外签订合同。

十一、合同的主要条款应当根据合同性质、法律法规的要求和具体的交易内容确定。对合同中的当事人、标的、品名、规格/型号、数量、质量、价格或者报酬、交货或付款的时间、地点、方式、违约责任等条款，必须明确具体。

公司根据业务需要，编制相关合同示范文本。

公司对外签订合同，应优先使用公司已制定的合同示范文本；公司没有制定示范文本的，可优先选用国家、行业示范文本，但要根据公司的经营特点及要求，对合同条款进行细化或补充。确需使用第三方提供的合同文本时，应对照示范文本，避免签订欠缺主要条款及加重我方义务的合同。

为了便于合同的履行，合同当事人可以约定认为有必要约定且不违反法律规定的内容，但不得因此扩大风险，增加隐患。

对公司提供的规范合同文本有重大修改或使用自行拟订的合同文本以及使用对方当事人提供的合同文本时，该合同的内容应当经过公司聘请的律师审核后方可签订。

为了督促对方当事人自觉履行合同，保护公司经济利益，提倡在合同中订立违约责任条款。违约责任条款的确立应当考虑本公司的履行能力，不得在履行能力不足的情况下对苛刻的违约责任作出承诺。

除法律另有特别规定外，应尽量在合同中订立能导致发生纠纷时由公司住所地人民法院或仲裁机构管辖的条款；禁止在合同中直接约定只由对方当事人所在地的人民法院或仲裁机构管辖的内容。但经公司负责人同意的除外。

合同文件用词要准确、规范，不得使用错误、含糊、易产生歧义的字、词、句。涉及计量的条款应当使用按国家标准确定的词语。涉及滚动发货或连续业务的，应当在合同条款中明确对方当事人以往的欠款金额和偿付时间。

十二、起草或修改合同应当充分考虑风险和风险防范，尽可能降低本公司的风险，并在合同中订立相应的防范风险的条款。

十三、为降低对方当事人不履行或瑕疵履行合同给本公司带来的风险，合同标的在10万元以上或对本公司经济利益有重大影响的合同，除了必须约定违约责任的内容以外，公司负责人认为必要时，可以要求对方当事人使用信用证付款，或依据《担保法》的规定提供有效担保，或采取所有权保留、支付定金、保证金等方式合理降低履约风险。

十四、合同草案形成后，业务经办人应当认真填写《合同签订审批表》中“业务经办人”一栏内容，填写完后，与合同一起送交有关人员进行审查。负责审查合同的有关人员应审查该合同是否具备合同应有的主要条款，如：对方当事人的基本情况、合同标的、数量、质量、价格价款、有关技术性指标、履行期限、付款方式、担保、履行能力和资信情况、合同主要风险和防范措施、对方当事人提供的有关证明等。合同审查完后，按审批权限送审批人审批。

审批人应对合同内容进行认真审查并签署明确意见，审查的重点主要是订立该项合同的必要性、合同内容的可行性、合同履行的安全性等。

十五、合同签订的权限：

1. 对外签订合同，除公司法定代表人外，必须是在授权范围内签订合同，但经法定代表人特别授权并发给委托证明的例外。签约者必须对企业负责，对本企业工作负责，超越代理权限无权对外签约。

2. 合同标的金额≤5000元，由所在部门负责人对合同初稿审核并签署。

3. 5000元<合同标的金额≤20万元，合同初稿由所在编制部门和相关部门负责人审核并在《合同评审表》中签署意见和签名，由公司分管的副总经理审批。

4. 20万元<合同标的金额≤50万元，合同初稿分别由所在编制部门和相关部门负责人、分管的副总经理审核并在《合同评审表》中签署意见和签名，公司总经理审批。

5. 50万元<合同标的金额≤100万元，合同初稿由所在编制部门和相关部门负责人、分管的副总经理、总经理审核并在《合同评审表》中签署意见和签名，公司副董事长审批。

6. 合同标的金额>100万元，合同初稿由所在编制部门和相关部门负责人、分管的副总经理、总经理审核并在《合同评审表》中签署意见和签名，公司董事长审批。

7.《借款合同》、《担保合同》无论标的金额大小，均由计财部门负责人提出，总经理审核并在合同背面签署意见和签名，公司董事长签署。

8. 公司签约《采购合同》、《货运合同》、《建设工程合同》等合同时，应同时与第三方签订“商业操守协议”。

9. 负责审批合同的公司领导根据法律规定及认为有必要时，可将合同内容提交董事会讨论决定，形成董事会决议。涉及公司对外提供担保的，必须经董事会批准后方可实施。

审批人认为有必要时，可以通知公司聘请的律师审核。

十六、合同经本公司加盖印章或经法定代表人、授权代理人签字后即发生法律效力，任何合同必须按本办法的规定完成审批手续后，才可加盖合同专用章或由公司的法定代表人及委托代理人签字。

多页合同，应在每页合同文档上加盖骑缝章或签字确定，同时亦应要求对方当事人在每页合同文本上加盖骑缝章或签字确定。

在按本办法规定取得最终审批同意之前，任何人不得在合同文本（包括备忘录、对账记录、库存处理或折价让利、债务延期或对充协议等确认或变更、消灭权利义务关系的协议性文件）上签字或盖章。

在合同文本上签字或盖章时应尽可能避免本公司先盖章后将文本交给对方当事人，由对方当事人带回签字或盖章。必须由本公司先盖章或签字时，应经公司的主管副总经理或以上书面批准后方可实施，同时合同的业务经办人应将本公司已经盖章或签字的文本复印，并要求对方当事人的业务经办人在该复印件上签署姓名、时间，复印件留底备核。正式合同文本应由业务经办人在一周内收回。

严禁在空白的格式合同纸或其他纸张上预先加盖本公司印章。

十七、签订合同时，不得使用不具备法人资格的内部机构、分支机构的行政公章。

十八、合同签订后，法律、法规规定或双方在合同中约定需要进行鉴证、公证、第三方证明或须报国家有关部门批准的，应当及时完备上述手续。

十九、订立合同的业务经办人员在合同双方签字或盖章后3日内必须将合同原件、副本及有关附件资料交合同管理人员专门保管。业务经办人员应当保留合同及有关附件资料的复印件。

第三章　合同的履行、变更和解除

二十、合同依法成立后或生效后即具有约束力，合同业务经办人应当督促公司内部的其他部门认真、按时、全面履行合同规定的义务，避免承担不必要的违约责任。

履行合同的交货、托运、付款的凭证应当在发生时收集完备。涉及托运的货物，应当在2日内与承运公司确认对方当事人收货的情况。

二十一、合同履行过程中发出或接收的书信、传真件、交付或接收的票据等文件资料应由业务部门及时记录、整理，其原件应当在3日内交合同管理员妥善保管，同时业务经办人应将这些资料复印备查。

二十二、合同及相关履行凭证的保管期不得少于10年，若与对方当事人的业务仍在继续或与对方当事人有未结清的债权债务，则保管期应作相应的顺延。

二十三、公司财务部门对合同项下的付款和收款进行监督管理，并对结算方式是否符合国家规定，以及开出或接受的票据的规范性、有效性、安全性进行审查。

二十四、在合同履行过程中，业务经办人应对合同履行进行有效监控，遇有妨碍合同正常履行的情况，应及时向负责人汇报，负责人应及时处理。

二十五、在合同履行过程中，遇有需要变更或解除合同的情况，业务经办人员应及时向主管负责人或审批人汇报。合同变更或解除按订立合同的程序进行洽谈和报批。

二十六、合同生效后，如发现对合同内容有重大误解或其他意外情况而可能致本公司严重损失的，业务经办人应及时逐级向上汇报至批准同意该合同的审批人，并提出变更或解除合同的意见或建议。同意变更或解除合同的，应及时与对方当事人协商。协商不成时，可依据合同法的有关规定及时申请人民法院判决撤销。

二十七、要求变更或解除合同时，在新的协议达成以前原合同仍然有效。变更或解除合同的协议，应采用书面形式（包括文书、信函、电传、电报等），并按本办法所规定的要求和程序订立。

有关履行、变更或解除合同的信函应留有副本，并采用挂号、EMS方式邮寄，妥善保存交寄凭证并及时查询对方当事人收寄情况，保存收寄凭证。

二十八、遇合同的变更、解除或申请撤销以及可能导致公司承担违约责任等事宜时，应会同公司聘请的律师处理。

二十九、合同约定的履行期限届至后，对方当事人未及时全面履行合同的，合同的业务经办人、公司财务部门应在3日内向合同的审批人员书面汇报并说明对方当事人未及时履约的原因和可能产生的风险，同时由公司的财务部门负责向对方当事人通过特快专递的方式向对方当事人发出催款通知（特快专递应注明催款函）。

三十、在对方当事人有欠款迟延履行达30天的，合同业务经办人和财务部门应将合同履行的情况报公司的负责人，同时附处理建议及处理理由。

对暂不进行诉讼处理的债权，业务经办人及公司财务部门应定期催讨债权并收集债权催讨凭证，该些凭证原件交合同管理人员，业务经办人留存复印件备查。

三十一、合同的业务经办人未经公司的负责人同意，不得擅自作出同意对方当事人迟延履行、返利、广告费承担等导致公司产生义务的承诺。

三十二、对公司准备以起诉或申请仲裁的方式清理债权的，业务经办人应配合律师准备诉讼所需的合同文本、收货凭证、对方当事人的付款凭证、双方的对账纪要、对方当事人的银行账号和资产情况等资料。业务经办人应保守秘密。

三十三、公司建立客户信用评级制度，根据客户订立、履行合同的情况和总交易量确定其信用等级。对客户的信用评级每12个月调整一次，对不同信用等级的客户实行不同的销售政策、赊销额度、担保方式。客户信用评级的具体办法另行规定。

第四章　合同的管理与监督

三十四、合同管理人员主要责任如下：

1. 保管本公司使用的合同专用章、合同表格，做好合同专用章的使用登记；

2. 对业务经办人员送审的各类合同按本办法规定进行文字审查；

3. 对公司订立的合同及相关履行凭证、债权文书等建立台账，统一登记、编号并妥善保管；

4. 保持与公司负责人的联系，及时反映在合同管理中出现的问题，按时完成交办的有关事项；

5. 离岗时做好合同档案等文件的交接工作。

三十五、合同业务经办人员指根据公司授权或部门领导指派负责某一具体合同的签订、履行工作的人员，其主要职责如下：

1. 根据公司授权规定，依法签订、变更、解除合同，并对合同的实质性内容负责；

2. 认真执行签订的合同，及时汇报合同履行过程中出现的情况，离任、离岗时对未履行完毕的合同要明确向承接人交接；

3. 接受合同管理人员、合同审批人的指导、审查、监督；

4. 配合参加对合同纠纷的和解、调解、仲裁或诉讼；

5. 保管好合同签订、履行、变更、解除过程中的相关的文件、资料，需归档的及时交合同管理人员归档备案；

6. 及时催交应收款项并按时交财务入账，对到期债权应做好保持债权有效的工作。

三十六、合同审批人是指公司的负责人或公司的部门负责人并经规定授权审批合同的人员，其主要职责是：

1. 全面负责所属部门的合同管理工作，指导业务人员订立合同，必要时可直接参与合同谈判。

2. 对合同的实质内容承担审查责任，督促合同履行的相关事宜。

3. 在合同订立或履行过程中，协调与对方当事人及其他业务部门的关系。

4. 在对方当事人违约或可能导致公司承担违约责任时，及时采取相应的补救措施。

三十七、公司合同专用章必须统一刻制、编号、保管、使用。

合同专用章由负责合同管理的人员保管，只限公司对外签订合同使用，原则上不得携带外出。合同专用章的使用应建立相应的登记制度。

公司合同专用章遗失与被盗时，要及时通知公司负责人进行处理，同时登报声明作废，给公司造成经济损失的，按有关规定追究当事人责任。

三十八、公司建立合同法知识的业务培训制度，业务人员和部门负责人应经培训并考核合格后方可进行业务操作。

三十九、合同的保管与存档：

1. 合同签署完毕，由所在部门对合同进行编号；

2. 合同编号办法：部门 + 合同类别（采购合同、销售合同等） + 年份 + 序号，合同类别用汉语拼音的首个字母表示。如经营部制定的销售合同：经营 XS200701；

3. 已编号的合同一份交由合同管理员存档，一份提交计财部作为付款备查；

4. 一个年度结束后，合同管理人员应将公司一年所签合同编制合同汇总目录；

5. 合同的保管期限为 10 年；超过 10 年期限需要销毁的合同，由公司合同管理员提出销毁申请，各部门负责人会签，公司负责人签署后方可销毁；合同管理员应制作销毁记录，并由相关人员签名。

第五章　合同纠纷的处理

四十、合同纠纷是指，在订立和履行合同的过程中，发生涉及或可能涉及缔约过失、合同的变更、解除、撤销、无效、迟延履行、对方当事人信用状况恶化、一方当事人行使合同抗辩权、发生不可抗力事件等可能导致公司损失或合同利益无法实现的情况。

发生合同纠纷时，必须通知律师介入协助处理。

发生合同纠纷时，业务经办人员、审批人员及有关部门应高度重视，及时报告，不得隐瞒不报或置之不理。

四十一、发生合同纠纷，该合同业务经办人员应及时向本部门负责人如实汇报。在取得领导同意后及时与对方当事人协商解决。协商不成的，应提出解决问题的方案，及时向合同批准人汇报。

合同纠纷协商处理的方案应充分听取律师的意见。

四十二、未经合同审批人同意和授权，任何人不得就合同纠纷擅自与对方当事人订立有关解决纠纷的协议、对账记录或备忘录或以个人或公司名义出具书面承诺等。

四十三、解决合同纠纷需要达成谅解协议的，视为变更协议，应按本办法规定的订立合同的有关程序办理。

四十四、合同需通过诉讼或仲裁的方式解决的，由业务经办人出具合同订立和履行的情况经过，情况经过应载明对方当事人的抗辩理由和我公司的理由和依据。由部门负责人报公司负责人同意后实施。在采取诉讼或仲裁措施前应做好相关资料的收集和保密工作。

诉讼或仲裁开始后，业务经办人应协助律师提供对方当事人的财产线索和证据线索。

第六章　奖惩制度

四十五、业务经办人有下列行为之一的，可对其处 1000 元以下的罚款：

1. 未按本规定进行审批即签订（包括但不限于合同的订立、变更、解除等）合同的；

2. 合同的内容不符合本规定的基本要求的，但经公司负责人同意的除外；

3. 在对方当事人有发生合同纠纷后未按规定及时报告的；

4. 在订立和履行合同过程中未按本规定收集合同订立的单证或合同履行的单证或收集的单证不齐备的；

5. 因疏忽导致债权丧失诉讼时效的；

6. 在签订和履行合同过程中泄露公司商业秘密的；

7. 由其他过错导致公司在履约过程中损失或无法实现合同利益的。

本条除可以对业务经办人处罚款外，情节严重的还可以解除劳动合同。

四十六、合同的业务经办人及合同的审批人因判断失误或怠于催讨债权造成公司损失的，参照《南京爱德印刷有限公司质量奖惩规定》予以处理。

上述损失包括但不限于合同的直接损失及利息损失（利息损失从债权履行期限届至的次日起按国家贷款利率计算），为实现债权支付的差旅费、诉讼或仲裁费用、律师费等。

损失的确定时间为债权履行期限届满后 3 个月，或该期限虽未届满，但事实上已无法实现债权的。若以后债权实现的，公司根据实现的金额按比例返还业务经办人和合同审批人承担的部分。

四十七、因不可预测的市场风险或不可抗力造成公司损失的，合同的业务经办人或审批人不承担责任。

四十八、合同业务经办人或合同审批人故意或与对方当事人串通损害公司利益的，公司可以解除劳动合同并要求其全额赔偿损失，情节严重的将对其进行刑事举报。

四十九、公司的其他部门和个人不配合实施本规定，公司可对其处 1000 元以下的罚款，造成公司损失的，应当全额赔偿。

第七章　附　　则

五十、采用招投标方式订立的合同，应遵守《招标投标法》规定。

五十一、在紧急情况下，公司董事长有临时决断权。

五十二、本规定于2007年　月　日起实施。本规定由公司负责解释。

5.3　×××有限公司发票管理办法

1. 范围

该办法适用于×××有限公司各部门。

2. 目的

为了进一步规范我公司经济活动，加强财务监督和管理，根据《中华人民共和国发票管理办法》的规定，结合我公司实际情况，特制定本办法。

3. 发票的领购、缴销、保管

3.1　公司所用发票由财务部按规定统一向税务部门购买，财务部按税务部门要求对发票进行管理。

3.2　公司所用发票由财务部专门人员保管并建立完整的发票登记簿，详细登记各种发票购买、领用和结存情况。

3.3　已缴销或使用完毕的发票，按会计档案管理规定进行保管。

3.4　若发票丢失，则由经办人承担造成的一切经济损失（不仅限于税务罚款）。

4. 发票的开具

4.1　公司需要开具发票（包含增值税专用发票和普通发票），首先由公司业务人员填写《销售发票开具申请单》（见附件3），经公司总经理或总经理授权人员审批后，连同相应的与合同原件相符的复印件、发货单和购货单位开票信息（必须加盖企业公章或者财务专用章），提交财务部开票人员开具发票。

4.2　已开好的发票，经业务人员复核无误后，在发票登记簿上签字领取发票相应联次；财务人员依据记账联登记入账。

4.3　发票填写规定：开发票时，应按顺序号全份复写，并加盖单位发票或财务专用章；各项目内容应填写清晰、真实、完整，包括客户名称、产品名称、规格型号、数量、单位、金额；作废的发票应整份保存，并注明“作废”字样（或依照税务当前规定进行处理）。严禁超范围或携往外市使用发票；严禁伪造、涂改、撕毁、挖补、转借、代开、买卖、拆本和单联填写。

5. 发票的取得

5.1　经办人员取得各类发票时，包括增值税专用发票、普通发票、特殊收据，应严格审核其真伪、内容开具是否合规（详见附件1、2）。

5.2　经济业务发生后，业务人员取得发票时，应向对方索取发票及税务登记证复印件，以确定其是否具有发票开具的资格。若其经营范围中不包含此业务，则其不具备开具发票的资格，需要到税务部门代开发票。

5.3　业务人员取得发票后应及时送交财务部门入账。日常经营活动取得的发票应在取得日后15天内（不超过发票开具日期30日内）提交财务入账。若出现发票滞后入账，使增值税进项税额不能抵扣（一般发票抵扣期为 90 天），不能税前列支的问题，应追究有关当事人的责任。

5.4　差旅费、招待费发票必须在出差返回后或业务发生的 15 天内到财务办理报销手续。

5.5　本年度发票应在本年度结束之前提交财务挂账或付款，每年 1 月 1 日起不再报销以前年度各类发票及票据。

5.6　财务部门在进行账务处理时将发现的假发票，退回经办人员，由经办人负责联系客户进行发票的更换。如不能更换，财务部拒绝付款，并提请总经理追究相关人员的责任。

6. 本办法从下达之日起执行，此前规定同时废止。

7. 本办法解释权归财务部。

附件 1：

鉴别审查发票真伪、合规的方法

1. 发票真伪鉴别

1.1　普通发票真伪鉴别方法：

1.1.1　发票监制章是识别发票真伪的重要法定标志。全国统一启用的新版发票“发票监制章”，其形状为椭圆形，上环刻制“全国统一发票监制章”字样，下环刻制“××税务局监制”字样，中间刻制国税、地税机关所在地的省、市全称或简称，字体为正楷，印色为大红色，紫外线灯下，呈桔黄色，荧光反映，套印在发票联的票头正中央。从发票联采用有“SW”字样防伪专用纸等方面识别，用发票防伪鉴别仪器识别防伪油墨，看其是否为统一的防伪油墨。

1.1.2　伪造的普通发票纸质粗糙、较脆、或薄或厚，水印图案用无色油墨盖在纸张表面，背光水印无透光性，凭视觉或触觉即可鉴别。

1.1.3　审查发票的有效性。不同时期有不同的发票版式，发票实行不定期换版制度，审查比较同期发票的新旧程度，看是否属于使用早已废弃不用的发票版式。对发票要看其印制是否清晰，有无错漏，辨明真伪。

1.1.4　看被撕下的痕迹，假发票一般会拆本使用，因此没有被撕的痕迹，真发票是一本一本装订好的有撕的痕迹。

1.1.5　刮奖区不易刮，奖区字迹不清楚的一般为假票。

1.2　增值税专用发票真伪鉴别方法：

1.2.1　为鉴别增值税专用发票的真伪，首先应了解其防伪措施，然后采取特定的审查方法来鉴别其真伪。对照光线审查增值税专用发票的发票联和抵扣联，看是否使用国家税务总局统一规定带有水印图案的防伪专用纸印制。用紫外线灯、发票鉴别仪鉴别无色和有色荧光防伪标志“SW”。

1.2.2　增值税专用发票要做到认证抵扣相符，票款物三统一。

1.3　对××国税局发售的发票，可到××国税局网站进行发票真伪查询。

1.4 打电话到12366税务热线查询。

2. 审查发票的开具

要求取得的发票填写项目齐全、内容真实、字迹清楚、不得涂改，物品名称详细。

2.1 审查发票的开具项目。普通发票按税种、税率来分类。增值税项目用营业税发票就不行。营业税发票，由于税率的不同，分别进行分类。各税目应使用对应发票，如服务业、建筑业、娱乐业、广告业、运输业、邮政电信、文化事业等。

2.2 审查发票的笔迹。看发票台照、日期、品名、数量、单价、大小写金额的字迹、笔体、笔画的精细、压痕是否一致。有无用药剂退色、用橡皮擦、用小刀刮等涂改痕迹。

2.3 审查发票的复写情况。看复写的字迹颜色是否相同。发票的正面和反面都应仔细看一看，本应一式多份复写的是否符合复写的实际情况。背面有无局部复写的痕迹。发票的第二联如果不是复写的而是用钢笔或圆珠笔填写的，就说明存在问题。

2.4 审查发票的填写字迹是否位移。税务机关指定的企业在印制装订发票时，各联次的纵横行列都是对齐的，有固定位置。如果发票各联填写的字迹有不正常的位移，就可能存在问题。

2.5 审查发票的填写内容。看发票报销联的台照、时间、数量、单价、金额是否填写齐全；看发票物品名称是否具体、正确、清楚，不允许填写物品类别，如名称为“生产用品、办公用品、交电、礼品、日杂、土产”的，应附发票明细表，详细列明物品名称、规格、单价、金额等内容。

2.6 审查物品名称是否为用票单位的经销范围。如家电维修部、加工门市部的发票，物品名称却是煤炭，显然存在问题。

2.7 审查用票单位同发货单位、收款单位的名称是否相符。

2.8 审查发票台照写的购货单位同实际收货单位、付款单位的名称是否相符。

2.9 审查同一供货单位，特别是个体工商户，是否使用了不同单位的发票。

2.10 货物运输劳务须注意，提供运输发票单位须具有开票的合法身份。可以领购并自行开具货物运输业发票（不包括个人、承包人、承租人以及挂靠人），审查：

其一，具有工商行政管理部门核发的营业执照，地方税务局核发的税务登记证。交通管理部门核发的道路运输经营许可证、水路运输许可证。

其二，具有自备运输工具，并提供货物运输劳务，查验车辆行车证明；从事货物运输的承包人、承租人、挂靠人和个体运输户，应取得主管地方税务局代开的货物运输业发票。

2.11 建筑业涉税属于属地管理，应取得劳务发生地主管税务机关发售或开具的建筑业发票，审查其：工商行政管理部门核发的营业执照，地方税务局核发的税务登记证；若为异地队伍承包工程，应取得劳务所在地主管税务机关代开的发票。

3. 其他

3.1 发票上必须加盖单位财务专用章或发票专用章。

3.2 若根据以上情况，不能判断发票其真伪，应向主管税务机关咨询或查验其发票领购、完税凭证。

附件2：

几种特殊情况的规定

1. 行政收据、事业单位收据、非税收入收据

1.1 上述收据收费项目都应该有收费许可证，并且公示。事业单位比如学校一般可以开具的只能是学费、培训费。

1.2 一般很容易将行政事业收费收据和结算凭证混淆，结算凭证只能在其内部运作，只是收付款证明。

1.3 对于应税收入部分应严格使用税务发票，对于技术收入应开具技术交易发票，对捐赠收入应开具捐赠收据，对房屋出租用于经营用应使用租赁业发票。

2. 军队收据

2.1 目前军队收据除部分单位可以开具租金，别的涉及税收项目必须使用国税、地税发票，但目前涉及财政部、总后勤部共同监制的票据也准予列账。

2.2 军队结算凭证，企业不允许列支。

3. 特殊行业

3.1 金融行业、正规邮政部门的收据允许列支。

3.2 铁路行业铁路运费货票、铁路行包费允许列支。

4. 境外发票

一般为自制发票，部分国家没有采取发票的管理方式，具体的为负责人签名的自制收费凭证，其鉴别方式目前还是通过资金往来结合业务真实性考虑（海外包括港澳台地区的Invoice、收银小票、其他商业票据可以接受）。

附件3：（略）